T0026604

clave

Alexis Schreck. Es doctora en psicoterapia y psicoanalista de la Asociación Psicoanalítica Mexicana (APM), con el reconocimiento de la Asociación Psicoanalítica Internacional. Coordinó el doctorado de la APM y ahora es docente de su Centro de Estudios de Posgrado. Es autora de *Mitos del diván* (Otras Inquisiciones, 2010) y de *La compulsión de repetición. La transferencia como derivado de la pulsión de muerte en la obra de Freud* (Editores de Textos Mexicanos, 2011). Escribe para diversas revistas y medios, tanto académicos como de divulgación. Desde hace más de 23 años imparte terapia a adolescentes y adultos en su consultorio.

Martha Páramo Riestra. Es doctora en psicoterapia psicoanalítica, terapeuta familiar y de grupo. Actualmente coordina el proyecto Escuelas en red unidas en la prevención de riesgos psicosociales en la adolescencia de la UNAM, que fundó en 2009, y en el que se llevan a cabo exitosas acciones orientadas a la prevención e intervención con los jóvenes. Se ha especializado en el trabajo psicoterapéutico con los padres y los adolescentes, experiencia que ha compartido a través de conferencias y talleres en más de cien instituciones del país.

Misión imposible

Cómo comunicarnos con los adolescentes

**ALEXIS SCHRECK
MARTHA PÁRAMO RIESTRA**

DEBOLS!LLO

El papel utilizado para la impresión de este libro ha sido fabricado a partir de madera procedente de bosques y plantaciones gestionadas con los más altos estándares ambientales, garantizando una explotación de los recursos sostenible con el medio ambiente y beneficiosa para las personas.

Penguin
Random House
Grupo Editorial

Misión imposible: cómo comunicarnos con los adolescentes

Primera edición en Debolsillo: enero, 2022

D. R. © 2015, Alexis Schreck
D. R. © 2015, Martha Páramo Riestra

D. R. © 2022, derechos de edición mundiales en lengua castellana:
Penguin Random House Grupo Editorial, S. A. de C. V.
Blvd. Miguel de Cervantes Saavedra núm. 301, 1er piso,
colonia Granada, alcaldía Miguel Hidalgo, C. P. 11520,
Ciudad de México

penguinlibros.com

Diseño de portada: Penguin Random House / Jesús Guedea

Penguin Random House Grupo Editorial apoya la protección del *copyright*.
El *copyright* estimula la creatividad, defiende la diversidad en el ámbito de las ideas y el conocimiento, promueve la libre expresión y favorece una cultura viva. Gracias por comprar una edición autorizada de este libro y por respetar las leyes del Derecho de Autor y *copyright*. Al hacerlo está respaldando a los autores y permitiendo que PRHGE continúe publicando libros para todos los lectores.

Queda prohibido bajo las sanciones establecidas por las leyes escanear, reproducir total o parcialmente esta obra por cualquier medio o procedimiento así como la distribución de ejemplares mediante alquiler o préstamo público sin previa autorización.
Si necesita fotocopiar o escanear algún fragmento de esta obra diríjase a CemPro
(Centro Mexicano de Protección y Fomento de los Derechos de Autor, https://cempro.com.mx).

ISBN: 978-607-319-200-2

Impreso en México – *Printed in Mexico*

ÍNDICE

INTRODUCCIÓN

No queda duda de que la adolescencia es un proceso en el cual el aspecto social es de gran importancia. De hecho hay quienes dicen que la adolescencia es un fenómeno social, y eso nos hace pensar en aquellos jóvenes (quienes en nuestro país son muchos) que por necesidades de supervivencia elemental, desde mucho antes de terminar de ser adolescentes, tienen que integrarse a las responsabilidades y los compromisos del mundo adulto, saliendo a trabajar para aportar dinero al hogar. Estas situaciones nos hacen preguntarnos qué pasó y dónde quedó su adolescencia.

Sin embargo, lo opuesto también es cierto: muchos padres sobreprotegen a sus hijos y no los ayudan a tomar responsabilidades sobre sus propias vidas, prolongando su adolescencia hasta bien entrada una edad en la que ya se les debería considerar adultos. Jóvenes de 22 y 23 años siguen viviendo en casa, mientras sus padres les pagan la universidad y les dan dinero para salir, sin exigirles nada a cambio.

Como vemos, México es un país de grandes contrastes, y dentro de esta variedad cultural existen muchos grupos diferentes. Hay adolescentes y adolescencias que pueden variar de acuerdo con la zona o región del país, la condición social, la ideología, la estructura familiar, etcétera. Sin embargo, si algo queda claro es que la crisis del adolescente en la época actual coincide con la crisis familiar y social de nuestro México.

La sociedad hoy por hoy es terriblemente complicada y eso genera aún mayor complejidad en el proceso adolescente. La diversificación ha promovido, paradójicamente, la confusión del adolescente, por la cantidad de opciones que se le presentan, porque el valor del grupo de pertenencia y de continuidad familiar ha cambiado y ahora es incierto. Cada vez más encontramos un "todo se vale" que va desde los altos mandos políticos de nuestro país hasta la familia que, desde su confusión, no sabe cómo tomar el mando y el rumbo. Ante esto, el adolescente tiene que cubrir los requerimientos de sus necesidades individuales, antes que nada.

Debemos considerar que también la ideología de la familia mexicana tiene un efecto directo en las actitudes hacia los jóvenes, en la posibilidad de tolerar su proceso adolescente y en las expectativas que se tiene de ellos.

En nuestro trabajo con adolescentes y con los padres de éstos hemos encontrado que, aunados a los aspectos sociales mencionados, aparece una cierta estructura familiar —quizá diseñada desde el mundo náhuatl— en la que predomina un padre distante y muchas veces temido por el hijo, y una madre pródiga y generalmente sobreprotectora.

A pesar de que lo anterior no siempre es así, hemos encontrado que la relación madre-hijo/a es particularmente intensa, pues la madre encuentra muchas veces en el hijo/a la seguridad y la afirmación que no recibe de su pareja o del mundo que la rodea. La madre mexicana es el elemento fundamental de la familia y en ocasiones encuentra en los hijos a sus aliados principales, quizá como una forma de luchar por un territorio propio, que muchas veces sólo puede encontrar en su familia.

El padre, por su parte, encuentra dificultades para acercarse a sus hijos porque la madre ha construido una burbuja en la que él no puede penetrar porque "no sabe" cómo deben hacerse las cosas, y de esta forma se mantiene el matriarcado. Aunque también es cierto que con frecuencia él no hace el esfuerzo necesario y se conforma con ser un papá "de manotazo", que pretende afirmar su dominancia levantando la voz de vez en vez, lo que obviamente es insuficiente.

Por esa razón, en este libro hacemos un énfasis en los procesos de separación y autonomía del adolescente, como un requerimiento muy especial en los jóvenes mexicanos. A las madres en general nos cuesta mucho trabajo renunciar a nuestra función de protectoras de la infancia, y nos duele enfrentarnos a la pérdida de la niñez de nuestros hijos. También se nos dificulta renunciar a las expectativas que hemos colocado en nuestros vástagos, para dar cabida a las necesidades y deseos de nuestro adolescente.

Ser padres de un adolescente no es tarea fácil, y durante este proceso muchos progenitores se replantean con gran culpa su función de maternaje o paternaje; sin embargo, creemos firmemente que si alguna labor en la vida *nunca* ha sido perfecta, y que tampoco puede llegar a serlo, ésa es la de ser padres.

Hace poco tiempo nos escribió Esther desde Estados Unidos, expresando lo siguiente:

> Hoy día tengo dos muchachos adolescentes, uno de 18 y otro de 17; quizá ya no son tan adolescentes pero para mí lo son por las decisiones arrebatadas que toman, y no se diga por sus reacciones ante alguna sugerencia o comentario de parte de mi esposo o mía. La verdad me preocupa demasiado, no me tienen suficiente confianza y continuamente prefieren estar en su recámara jugando videojuegos, o en Facebook o Youtube, que compartir entre ellos mismos o con nosotros los papás. Por favor, díganme si podrían ayudarme...

Esther describe perfectamente bien lo que se vive todos los días al tener hijos adolescentes; es un estado de frustración perpetua. Uno siente que ya perdió a sus queridísimos hijos, que se los cambiaron por otros que son unos sangrones; que todo está muy, pero muy mal... En pocas palabras uno tiene miedo. Miedo a que los hijos nos dejen de querer, de respetar; miedo a que ellos estén mal, que se "metan en problemas", que nos dejen solitos con nuestro "nido vacío" de padres deshijados... En fin.

Lo cierto es que Esther detalla a unos adolescentes perfectamente normales: impulsivos, arrogantes, a quienes les gusta aislarse, que socializan y se conectan con el mundo a través de las redes sociales virtuales; rebeldes que intentan poner límites a los padres para que no sigan comportándose como si ellos tuvieran cinco años.

La adolescencia es un proceso de crisis y rupturas, que lleva muchos reacomodos en lo psicológico y en lo emocional; en las relaciones con los otros y, muy importante, en la ruptura con los *padres de la infancia* para lograr una identidad separada de éstos, diferente a la que se espera de ellos, única e independiente. Ésta sería la salida sana al proceso adolescente.

Pero claro, por otro lado, no se les puede dejar a la deriva y que hagan lo que quieran, y "¡ahí nos vemos cuando cumplan 21 años!" (si bien nos va). Contrariamente a lo que nos parece que exigen los adolescentes ("¡que los dejen en paz!"), en verdad necesitan al menos tres cosas:

1) *Contención.* Un ambiente contenedor por unos padres que no "se enganchen" con cada brote de enojo, o con cada error u omisión, o con un accidente que tenga el chico o la chica. Si la joven llega llorando de la escuela es menester darle cariño y consentirla, y darle su espacio y no presionarla para que hable si aún no está lista. Mucho menos gritarle: "¡Pero qué te paso! Voy a ir a la escuela a hablar con la directora; seguramente te hizo algo tu amiguita fulanita", etcétera. Hay que permitir que pasen las emociones fuertes y presentarse a la escucha sin forzar el diálogo.

2) *Límites, límites, límites.* Los adolescentes atraviesan por cambios físicos, psicológicos y emocionales importantísimos, y como resultado de eso son impulsivos, no miden las consecuencias de sus acciones y están ansiosos. Desean experimentar con todo y a la vez se sienten muy presionados por sus amigos a transgredir las normas y abusar de cuanta cosa se les ponga enfrente: drogas, alcohol, actos vandálicos, etcétera.

Si los padres los "dejan ser y hacer" los adolescentes se sienten completamente expuestos a su propia impulsividad, y eso los angustia más. Créanlo o no, lo que más piden los jóvenes es que les pongan límites, aunque los rompan, pues éstos les sirven como parámetros a seguir, parámetros que sí necesitan y que disminuyen su angustia.

3) *Estar atentos a lo que los adolescentes sí comunican.* El hijo de una paciente mía dejó la "bachita" de un cigarro de marihuana en el cenicero de la camioneta de la mamá. Otra adolescente fue y le contó a su mamá que una amiga suya pensaba que estaba embarazada. Un paciente mío de 16 años dejo, "sin querer", su cuenta de correo abierta en páginas que explicaban la homosexualidad, y sus papás las vieron. ¿No creen que todo lo anterior *es* comunicar? Es intentar a gritos y en silencio comunicar "algo" a los padres, algo que los inquieta, los perturba y ante lo que literalmente necesitan a un adulto que los pueda orientar.

Son muchos los incidentes por los que atraviesa un adolescente, y también los padres de éste, y es mucho lo que se puede hacer para que esta etapa sea menos angustiante, pues si hay algo que como padres nos hace sentir completamente indefensos, inútiles y tontos son los problemas de *comunicación* con nuestros hijos adolescentes. Sentimos y pensamos varias cosas: mi hijo está en riesgo, no me escucha, quiero ayudarlo pero no se deja, me agrede todo el tiempo, está tirando su futuro a la basura, está triste, y un sinfín de etcéteras. ¿Cómo me puedo meter a su mente y a su corazón para saber qué siente, qué piensa y poder, a la vez, evitarle dolores y desazones?

Como especialistas en el manejo de adolescentes, casi siempre escuchamos a los padres preguntarnos con desesperación: "Mi hijo ya no quiere estudiar, quiere dedicarse a la música y no acabar la secundaria, ¿qué hago?"; "Mi hija de 16 años tiene un novio mucho mayor que ella del que no se separa ni un instante. El otro día los caché en la sala medio desvestidos, ¿cómo puedo evitar que se embarace o que él la lastime?"; "Mi hijo de 14 años se junta con los niños más zarrapastrosos de la escuela y seguramente se meten todo tipo de drogas, ¿cómo lo protejo?"; "Mi hija de 15 años llegó a casa ahogada de borracha el otro día, prácticamente inconsciente. La metí a la regadera y vi que tenía los brazos con cortadas como de navaja, ¿qué le pasa?"; "Leí un mensaje en el celular de mi hija de 14 años que le envió un compañero de clase que decía que se quería 'dar con ella' porque lo 'prendía cañón'; ¿Lo reporto en la escuela? ¿Hablo con su padres?"; "Creo que mi hija está vomitando porque encontré restos de comida en el baño"; "Me topé con un poema sobre el suicidio en el cuarto de mi hijo, y lo siento aislado y deprimido, ¿me debo preocupar?"

Estas y muchas preguntas más invaden nuestra práctica clínica y también nuestros espacios sociales. Los papás, sumamente preocupados, dicen que tratan de hablar con sus hijos, pero éstos al parecer no escuchan, les "dan el avión", o gritan y se encierran, previo portazo, en sus habitaciones. En el peor de los casos se van a la calle y no regresan en un buen rato, dejando a los padres con el alma en un hilo.

Los hijos adolescentes también se quejan continuamente. Sienten que sus padres no los entienden, que los consideran tontos y no los incluyen en la toma de decisiones importantes; que no se han dado cuenta de que ya no son unos bebés, les exigen cosas ridículas, son anticuados y, lo más importante, no los escuchan sin emitir inmediatamente juicios terribles sobre ellos y sus vidas.

¡Menudo dilema!

Por estas y otras razones hemos decidido escribir este libro y ayudar a los padres a comunicarse con sus hijos, de verdad a *comunicarse*, y que esta intención no sea una misión imposible. En nuestra opinión, primero tenemos que hablar un poco de qué es la comunicación y por qué resulta tan complicado entablarla con nuestros adolescentes. Como explicaremos en la primera sección de este libro, la comunicación implica identificar con quién estamos hablando (adolescente), el tipo de mensajes que emite nuestro interlocutor y los códigos de comunicación que usa. No es fácil. Por ejemplo, los adolescentes a menudo usan mensajes "paradójicos", es decir, que con las palabras expresan una cosa, pero con su actitud dicen exactamente lo contrario. Puede ser que lleguen en pijama a las nueve de la noche a pedir permiso para ir a una fiesta, y nosotros no sabremos si en verdad quieren ir o no. Los códigos también varían, pues su comunicación va mucho más allá del lenguaje verbal, por lo que también es importante reconocer otras formas de comunicación.

Para entender a nuestro interlocutor adolescente, hemos organizado una segunda y amplia sección que explica qué le pasa, pues es un ser en transición que se está transformando y pasa por muchos cambios, tanto físicos y biológicos como emocionales, intelectuales y psicológicos.

Para que los padres puedan tener mejores estrategias de comunicación con sus hijos e hijas es necesario que comprendan estos cambios que arremeten contra el adolescente desde la pubertad, y que eventualmente producen las transformaciones más importantes: la autonomía y la adquisición de una identidad.

En la tercera sección abordaremos las problemáticas actuales más comunes y las formas como podríamos aproximarnos para entenderlas y resolverlas (por ejemplo, el *bullying,* la agresión y el excesivo uso de internet), y advertiremos sobre las situaciones de riesgo en las que podría encontrarse el adolescente, cómo detectarlas y enfrentarlas. Estas conductas riesgosas incluyen el uso o abuso de alcohol o drogas, los trastornos alimenticios, el embarazo no deseado, el abandono escolar, las autolesiones (como el *cutting*) e incluso el suicidio.

La cuarta y última sección trata sobre la familia del adolescente, y aporta estrategias claras y directas para detectar nuestras propias problemáticas como padres para poder apoyar al adolescente a enfrentar los retos que implica su proceso de crecimiento, y para que pueda alcanzar sus metas; así como lograr una mejor y más sana relación con nuestros hijos a través del establecimiento de límites definidos y de una comunicación saludable y acorde con las necesidades familiares.

Con todo lo anterior, esperamos poder disminuir la ansiedad de los padres al estar conviviendo con sus hijos y así evitar su aislamiento, pues no hay nada peor que un adolescente en la soledad y en el aislamiento, como veremos en este libro. Aunque parezca una misión imposible, es importante construir puentes y vías de acceso a una comunicación afectiva y eficaz.

¿En qué nos puede ayudar este libro?

- Aprender a lidiar con las ansiedades e incertidumbres que generalmente nos despiertan a los padres los hijos adolescentes.
- Enfrentar los desafíos de nuestra propia etapa del ciclo vital para transitar este complejo momento con reflexión, ingenio y bienestar.
- Aprender a comprendernos a nosotros mismos como padres de nuestros hijos adolescentes para entenderlos más.
- Clarificar algunas situaciones en las que eventualmente nos encontramos los padres.
- Recuperar la capacidad de organizar y entender las tareas de la paternidad con nuestros hijos adolescentes.
- Comprender nuestro lugar como padres o madres y la importancia del rol parental.
- Entender qué actitudes inciden negativamente en el bienestar de nuestros adolescentes y desarrollar aquellos recursos para procurarles un clima familiar más favorable.
- Mejorar la comunicación con nuestros hijos adolescentes.

1 ¿QUÉ ES COMUNICAR?

Comunicar es poner en común. Uno comunica sentimientos, ideas, datos… En general, el término se refiere a cosas inmateriales o, mejor dicho, "impalpables". Cuando son bienes materiales se utiliza mejor el término *intercambio*, pero esto no quita que algunos especialistas generalicen y se refieran a la comunicación para llamar a cualquier clase de interacción.

Al nacer, el ser humano pasa por un periodo muy largo de indefensión en comparación con otros animales, y por eso debe comunicarse desde el primer momento. Si el bebé recién nacido, el bebé humano, no llora, se muere, pues no sería alimentado ni cuidado. Su llanto comunica a una mamá sensible, sana y bien dispuesta, y por lo tanto el suyo es un mensaje para ser entendido por un receptor, un "otro" semejante.

Este es el principio de la vida: el rescate de la muerte a partir del primer indicio de comunicación dado en la relación fundamental del ser humano: el bebé con su madre. Así da comienzo una relación cuyos visos proporcionarán la posibilidad al adulto de comunicarse. Y en ese espacio entre madre e hijo se dan las primeras peripecias de la comunicación verbal y no verbal.

Por eso la comunicación siempre está marcada por las experiencias que tuvimos desde pequeños, por nuestro medio ambiente, por nuestra capacidad intelectual, por lo que se nos ha comunicado a lo largo de la vida... Todo aquello que genera nuestro *sistema representacional*. Resulta que no es asunto sencillo, y menos aún lo es verdaderamente transmitir todo aquello que ronda en nuestra mente en forma de imágenes, ideas, emociones y sentimientos a través de la palabra, cuando ésta y el lenguaje tienen múltiples significados. No es lo mismo que señalemos a un perro y digamos "perro", a que señalemos a un señor y digamos "perro". Si se dan cuenta, el sentido del término cambia por completo.

O sea que "explicarse" nunca es fácil, y mucho menos ante una persona que trae su propio sistema representacional. Si yo digo la palabra *Navidad*, un mexicano católico pensará en las posadas con las piñatas, el ponche y los romeritos, pero un hindú no tendrá esa idea en lo más mínimo. Incluso en la misma cultura y en el mismo sistema familiar, las representaciones mentales son distintas pues cada individuo vivió con determinada emoción y determinadas imágenes los eventos de su vida. El nivel socioeconómico también afecta, ya que en las familias acomodadas se les inculca a Santa Clós que viene cargado de juguetes, mientras que en la sierra chiapaneca esa representación no es viable. Con lo anterior queremos decir que si la comunicación y la convivencia entre los miembros de la familia es difícil, imaginemos la situación cuando deseamos comunicarnos con alguien que genuinamente viene de otro sistema representacional.

Lo complicamos más aun con otro problema: ¡no escuchamos! Y lo decimos muy en serio. Mientras oímos al otro estamos pensando cómo defendernos de lo que está diciendo, cómo argumentar nuestra posición, cómo contestar rápidamente para ser mejor que el otro, para demostrar nuestro dominio. Y no sólo en la relación de pareja, entre padres e hijos, o en la amistad, sino también en las discusiones sobre política, futbol, religión y demás. No escuchamos.

Debemos proponernos un ejercicio: convencernos de que el otro con el que discutimos *sí tiene la razón* y con esa seguridad argumenta como lo hace. Eso significa que el otro discute lo que discute porque en verdad lo siente, lo piensa y lo cree, y por eso debe tener la razón, su razonamiento debe ser válido y, por lo tanto, validado por nosotros. Lo anterior nos coloca en la posibilidad de suspender nuestras defensas, callar y silenciar nuestro cerebro y su beligerancia, para tratar de entender por qué tiene la razón la persona que está frente a nosotros. Claro, primero tenemos que aceptar que el otro piensa, siente, es inteligente y es distinto a nosotros, y eso implica despojarnos de todo narcisismo y aceptar la otredad de nuestro interlocutor. Jacques Derrida, uno de los más influyentes filósofos contemporáneos, decía que todos somos narcisistas pero algunos aceptamos más la diferencia que otros. Debemos hacer de ello, de la escucha y de la aceptación de la diferencia, un ejercicio cotidiano.

Todo lo anterior se complica aún más cuando nuestra comunicación se debe establecer con nuestro hijo o hija adolescente. Tan es así que parece, sin duda, una misión imposible. Vamos por partes.

- Por un lado tenemos la creencia de que esta comunicación inicial, originaria, casi primitiva, que tuvimos con nuestro bebé durante la primera infancia sigue siendo vigente. ¡Eso no es así!
- El adolescente está pasando por un proceso que implica una ruptura con esa comunicación casi simbiótica y "perfecta" de la primera infancia.

Consideramos que nuestros hijos, por ser de nuestra familia, tienen el mismo sistema representacional que nosotros. Y de nuevo, ¡no! Ellos están experimentando una revolución emocional y están almacenando nuevas representaciones cargadas de otros afectos y de otros sentidos distintos de lo que pensamos que les hemos legado; hasta parecería que provienen de otra cultura. Ésta es la forma como ellos necesitan afianzar su individualidad y su identidad.

- No escuchamos a nuestros hijos adolescentes. Por un lado, ellos aún no se saben expresar con claridad y, por el otro, nosotros no queremos entender lo que les pasa, porque nos angustia, porque nos preocupa, porque pensamos que lo que les ocurre son tonterías, porque no queremos perder el control y el dominio; en fin, por mil razones más.
- Por último, nos asusta pensar que nuestro hijo o hija ya no es nuestro bebé. Ahora aparece frente a nos-

otros una persona ajena, diferente, que quién sabe de dónde salió y a dónde va. Que piensa diferente, que cree en cosas distintas a las que le inculcamos, que quiere ser independiente y valorado como individuo, pero que a cada rato regresa a ser un niñito consentido, que quiere todo a cambio de nada. Nos cuesta tanto trabajo elaborar el duelo de nuestro infante perdido para tener enfrente a este "otro", que incluso corporalmente no termina de adquirir una forma definida. Los papás ¡no queremos que nada cambie!

Total, que son muchas las razones por las que la comunicación con nuestros hijos adolescentes se dificulta enormemente. Si nos vamos a las teorías de comunicación, sabemos que para lograr una comunicación eficaz es menester tener en cuenta los siguientes puntos:

• Reconocer los códigos utilizados. ¿A qué nos referimos con "códigos"? A las diferentes formas de transmitir los "datos". En el adolescente éstos pueden ser tanto verbales (palabras) como actitudes corporales y emocionales, silencios y actos, etcétera. Todo lo que el adolescente hace, no hace, dice, no dice puede implicar un rastro de comunicación, pero hay que saber "leer" y entender estos rastros, asunto nada fácil para un adulto que sólo entiende a partir de las palabras.

Como el ejemplo que ya mencionamos, de aquel chico que deja los restos de un cigarro de mariguana en el cenicero de la camioneta de su mamá. ¿Qué nos quiere decir?

De alguna u otra forma está pidiendo atención y ayuda, aunque él mismo no sepa que lo está haciendo.

La hija adolescente de una paciente llegó a su casa borracha y se quedó dormida en la sala hasta el día siguiente. Parece como si quisiera decir: "Me quedo en el centro de la casa para ver si así se dan cuenta de que estoy mal, y necesito que me pongan límites y me contengan".

- Identificar el tipo de discurso por analizar, reconociendo los componentes reales, ideológicos y de opinión. Otra complicación, pues, como adultos y como padres, no compartimos con nuestros hijos adolescentes las mismas realidades, ideologías y opiniones, sino todo lo contrario. Por lo mismo, resulta muy difícil identificar lo que están tratando de decirnos, y cómo y dónde piensan y opinan.

Ellos querrán reforzar su identidad y su autonomía adoptando ideologías e ideales que a veces son radicalmente opuestos a los de la familia. Por ejemplo, si se trata de una familia muy conservadora, los hijos podrán volverse anarquistas y ateos. O por el contrario, no es raro encontrar a un hijo muy religioso en el seno de una familia liberal.

Además, el mundo va cambiando a pasos agigantados y los datos disponibles en internet rebasan nuestra posibilidad de darles seguimiento. Nosotros debemos siempre reforzar a nuestros hijos, pues acumular un montón de datos no es lo mismo que tener "conocimiento", para atemperar la arrogancia de los adolescentes que creen que saben todo.

- Definir el punto de vista de interpretación (emisor o receptor) y reconocer que no son lo mismo, que son diferentes pero no por eso menos válidos. La función de los padres es formar, dar estructura y límites, cuidar a nuestro hijo o hija adolescente. El deseo del adolescente es independizarse, jugar con sus nuevas posibilidades y con su nueva identidad; dejar de sentirse niño. No hay un punto de vista equivocado, simplemente las personas son diferentes y tienen distintas metas.

- Definir objetivos específicos de análisis. Es importante preguntarnos: ¿para qué estamos teniendo esta plática?, ¿por qué queremos hablar con nuestro hijo o hija de esto o de aquello?, ¿para qué queremos sacarle tal o cual información? Es cierto que muchos hijos quieren ponernos a prueba y cimbrar los límites del hogar. Igualmente, muchos padres quieren obtener información por morbo o por afán de controlar a sus hijos.

Si vamos a tener una plática, necesitamos definir cuál va a ser el objetivo de la comunicación: establecer un nuevo contrato de horarios de salidas o de estudio, alertar al adolescente sobre los riesgos de alguna conducta, transmitirle cómo ciertas actitudes lastiman la sana convivencia de la familia, expresarle una preocupación genuina sobre su bienestar, etcétera.

- Evaluar —eventualmente— los contenidos para aplicarles un juicio crítico, esperando que este juicio pueda ser emitido por ambos miembros en una conversación. No está nada mal preguntar: "Qué opinas de lo que te acabo de decir?" "¿Cómo te hace sentir lo que acabamos de platicar?" Y que todos puedan dejar claro lo que entendieron, su acuerdo o su desacuerdo, y la posible injerencia o efecto que pudo haber logrado. Como padres debemos entender que no se trata de pensar igual ni de estar de acuerdo al 100 por ciento. Uno puede acordar estar en desacuerdo. Lo importante es que los mensajes lleguen al otro, penetren, sean entendidos y, quizás más adelante, puedan ser considerados e incluso aplicados, tanto por los padres como por los hijos.

Tipos de comunicación que los padres utilizamos con nuestros hijos

COMUNICACIÓN SUMISA

Cuando nos comunicamos con nuestro hijo de manera sumisa, como un ratón huidizo, el mensaje que transmitimos es: "Lo mío no cuenta; aquí el importante eres tú. Mis sentimientos no importan, sólo los tuyos. Solamente lo que tú sientes merece la pena de ser tomado en cuenta. Lo mío no vale, lo tuyo es mejor".

Los padres que se comunican de forma sumisa no saben defender sus derechos y sus decisiones. Esto se traduce en que el adolescente construya una imagen debilitada del padre o de la madre que genere angustia y desorganización emocional en su hijo. El hijo adolescente puede empezar a sentir que nosotros no tenemos la fortaleza para ser sus padres, y desarrollar un patrón compensatorio de protección, como si él fuera un padre para nosotros, y nosotros como su hijo desvalido.

Otra de las formas en que el hijo responde ante un padre sumiso es perdiendo el principio de realidad, construyendo una imagen de sí mismo omnipotente y todopoderosa.

COMUNICACIÓN AGRESIVA

Cuando nos comunicamos de manera agresiva, el mensaje que transmitimos es: "Yo estoy en lo cierto, tú estás mal si piensas diferente. Lo que yo quiero es lo mejor, lo que tú quieres no tiene importancia. Esto es lo que yo siento, tu nunca tienes la razón; lo que tu sientas no importa, tus sentimientos no importan".

En este tipo de comunicación el padre se impone al hijo y le asesta lo que él piensa o siente, sin escucharlo. Lo etiqueta y lo humilla. Por ejemplo: "Eres un inútil". En esta comunicación se discute, se amenaza y se reprocha a los demás.

COMUNICACIÓN DIRECTA O ASERTIVA

Cuando nos comunicamos de manera asertiva, el mensaje que transmitimos es: "Entiendo que tú puedas pensar y sentir de manera diferente, pero esto es lo que yo pienso y esto es lo que yo siento. Así es como veo la situación". Este mensaje expresa nuestros pensamientos y sentimientos, sin humillar ni rebajar a la otra persona, y rebajarse uno mismo.

En este tipo de comunicación el padre defiende sus puntos de vista con valentía y seguridad. Puede decir lo que piensa y siente sin faltarle el respeto al adolescente. Tiene la capacidad para ponerse en el lugar de los otros y, por ende, posee la habilidad para escuchar, dialogar y negociar.

Lo anterior lo iremos entendiendo a lo largo de este libro pero, en resumidas cuentas, aprender a comunicarnos con nuestro hijo adolescente implica:

- Aprender a escuchar y a ponernos en el lugar del otro.
- Aprender a pedir.
- Aprender a dialogar y a negociar, respetando tanto nuestra opinión como la de nuestro hijo.
- Aprender a identificar aquello que nos causa malestar.
- Aprender a poner sobre la mesa un conflicto.
- Aprender a no hacer un conflicto de una situación, porque simplemente no la comprendemos.
- Aprender a no hacer un conflicto donde no lo hay.
- Aprender a que no todo lo que uno siente se tiene que expresar con los hijos.
- Aprender a identificar qué tipo de comunicación establecemos con nuestro hijo o hija.
- Aprender a entender el impacto de nuestra comunicación sobre nuestro hijo.
- Aprender a guardar silencio cuando estamos fuera de nosotros mismos.
- Aprender a tolerar que nuestros hijos ya no se comunican con nosotros como lo hacían cuando eran niños.
- Aprender a no utilizar a nuestros hijos como chivos emisarios frente a un conflicto con nuestra pareja.
- Aprender a no herir, humillar, denigrar y ofender con nuestras palabras.

- Aprender a no manipular ni a chantajear.
- Aprender a diferenciar lo que es un problema personal, de un problema de pareja o un problema con nuestros hijos.
- Aprender a expresar lo que no nos gusta de las acciones de nuestros hijos sin involucrar a su persona.
- Aprender a decir *no*, cuando sus acciones ponen en riesgo su integridad física y emocional.

2 EL PROCESO ADOLESCENTE

¿Qué es la adolescencia?

Desde que nace el ser humano, su desarrollo implica atravesar por diferentes etapas que van desde el nacimiento hasta la muerte. En este *ciclo vital,* la adolescencia es una etapa de *transición* entre la niñez y la vida adulta, que involucra una serie de *cambios físicos* que se combinan con los *cambios psicológicos,* y que se echan a andar en su medio familiar y social. Por eso se dice que la adolescencia es un proceso biopsicosocial.

Con lo anterior queremos decir que el joven adolescente se va constituyendo a partir de una crisis. Recordemos que la palabra *crisis* significa "momento decisivo", "cambio brusco", "mutación importante" que acarrea consecuencias significativas y que, en el caso del adolescente, implica la reestructuración de todos los aspectos psíquicos (psicológicos) y su intercambio con el mundo actual; lo que le genera una realidad interna de una gran riqueza y de una unicidad extraordinarias, pero también de una gran complejidad oscilante e inconstante.

La adolescencia, por lo tanto, es un proceso individual por el que tiene que transitar todo ser humano y que requiere el máximo esfuerzo para lograr el ajuste emocional a los cambios físicos que se van dando. Así, el estado de *maduración sexual* influye directamente en la aparición y la declinación de ciertos intereses y conductas.

En la adolescencia se conjunta una serie de elementos que pueden favorecer o entorpecer la *resolución* de la misma, entre los que se encuentran las experiencias de la infancia en relación con el tipo de vínculo con los padres, la forma en que se manifiestan los cambios físicos o las exigencias del medio que rodea al chico. Mientras el adolescente se va desarrollando, requiere hacer una gran cantidad de ajustes internos con la finalidad de adaptarse tanto a su realidad física como al mundo que le impone día con día nuevas demandas.

El proceso adolescente es socialmente considerado una *fase de transición* a la vida adulta, que requiere que el chico adquiera responsabilidades, conductas, actitudes y posiciones ante la vida, que en muchas ocasiones no está dispuesto a asumir. Ocurre, pues, un choque entre el adolescente y el mundo externo, del cual emergerán, como resultantes, *transacciones* que irán conformando la personalidad que el joven tendrá como un adulto.

A partir de lo anterior podemos establecer que uno de los puntos que harán la diferencia entre una adolescencia "tranquila" y una conflictiva, se basa en la discrepancia entre las exigencias de la vida infantil y las que se hacen al adolescente. Por ejemplo, en muchas ocasiones durante la infancia se toma una actitud de *sobreprotección,* negándole al pequeño cualquier posibilidad de asumir responsabilidades de acuerdo con su edad; pero al llegar a la adolescencia se le demanda que empiece a asumir responsabilidades de todo tipo, incluidas las que se refieren a su cuerpo, a su cuidado, para que tome decisiones sobre su vocación, etcétera. Sin embargo, ya que no había sido preparado desde la infancia, el proceso de aprender a asumir sus responsabilidades será doloroso y no exento de frustraciones.

Otro aspecto que matiza la entrada al periodo adolescente es la relación que guarda el deseo que tiene el niño de ser mayor, ya que implica tener acceso al mundo tan anhelado de los adultos, y los temores que le produce enfrentarse a sí mismo con ese mundo adulto.

Y, por último, está el esfuerzo de los padres por ajustar la sexualidad emergente, las normas sociales y morales, con todo lo que esto implica: el recuerdo, el deseo y la repetición de su propio proceso adolescente.

¿Cuáles son los tiempos de la adolescencia?

Los tiempos de la adolescencia tienen un rango muy amplio, que de inicio se marca con la pubertad, en la que empiezan a aparecer los primeros cambios físicos. En los varones generalmente aparecen entre los 12 y los 15 años, mientras que en las mujeres entre los 11 y los 14 años. La duración de este periodo oscila entre 18 meses y dos años y está directamente relacionada con las secreciones hormonales.

Los tiempos de la adolescencia varían de un individuo a otro; sin embargo, el inicio de la adolescencia se puede ubicar en cierto tiempo de la vida de un individuo, ya que indiscutiblemente es desencadenada por la maduración física; en contraste, la terminación de este proceso está marcado por los logros y los alcances de tipo psicológico, así como por la capacidad de ajuste a las exigencias de la vida adulta del adolescente.

Aun cuando el inicio de la adolescencia es un proceso que varía de una persona a otra, dentro de los rangos antes señalados, es importante estar atentos a un desarrollo demasiado temprano o demasiado tardío, cuestiones que deben ser vigiladas por un médico. Todo cambio físico o el retardo en la presencia de éste implica una movilización emocional que se traducirá en modificación de actitudes y de conductas, a los cuales hay que prestar atención.

¿Cuáles son los primeros síntomas de la adolescencia?

La adolescencia es un proceso que empieza a despuntar o se asoma ya con la pubertad. No hay que olvidar que el cuerpo está ligado a las emociones y a los sentimientos y, por lo tanto, éstos repercuten en la conducta y en las actitudes de las personas. Así, las primeras manifestaciones de cambios corporales van acompañadas por una serie de síntomas. Al crecimiento o desarrollo del cuerpo lo acompaña un desconocimiento del cuerpo infantil: el adolescente tiene que empezar a reconocer y a adaptarse a un nuevo cuerpo que se modifica. Y en esta tarea está puesta gran parte de su energía, debilitándose así el control de sus emociones, lo cual le produce irritabilidad, inseguridad y confusión.

El cuerpo le va exigiendo al adolescente nuevas demandas y tiene que ir ajustando la satisfacción de éstas a sus posibilidades reales, con lo que comienza un interjuego entre la posibilidad del adolescente de ejercer sus funciones de persona adulta y de seguir practicando el papel que había jugado hasta entonces como niño. De este modo, puede oscilar entre las expectativas y los deseos de mantener los privilegios de la infancia u obtener las ganancias de la madurez.

También se inicia el desprendimiento de los lazos familiares, y el joven se lanza a la vida para establecer nuevas ligas con el mundo exterior, lo que trae como consecuencia la *desidealización* de sus padres y, necesariamente, tener que empezar a poner afuera ese ideal, por ejemplo, en el grupo de amigos, también llamado "grupo de pares". En este tránsito muchas veces el joven vive experiencias de doloroso vacío. En el momento en que se separa de sus padres y se conecta con el exterior, en ciertos momentos cae en "tierra de nadie". Este proceso también requiere de elaboración de un duelo.

Silvia había empezado a experimentar las primeras manifestaciones físicas de la pubertad hacia los 13 años, aunque realmente no le había dado mucha importancia a eso. Ella aún estaba muy cómoda en su posición de hija de familia; sin embargo, poco a poco empezó a sentir que los juegos y las actividades que habían sido tan placenteros durante su niñez ya le resultaban aburridos y hasta absurdos. Repentinamente se sentía incomoda e inexplicablemente malhumorada.

La relación con sus padres empezó a tornarse tensa: la familia la asfixiaba; cualquier cosa era mejor que permanecer en casa.

Se sentía muy preocupada por su cuerpo. Empezó a compararse con otras amigas y sentía que algo de su cuerpo no le acababa de gustar. Podía pasarse media tarde probándose la ropa de su hermana mayor y hasta la de su madre y no acababa por sentirse agusto con nada.

Los padres de Silvia estaban desconcertados; no atinaban a darle gusto. Su madre intentaba acercarse a ella, dándole consejos, tratando de saber lo que la tenía en ese estado.

En la medida en que la madre intentaba acercarse, Silvia se alejaba más de ella.

Los padres, angustiados por la problemática de Silvia, no alcanzaban a comprender que lo que requería su hija básicamente era un espacio para dar los primeros pasos hacia la separación.

A pesar de que reconocían que Silvia estaba prácticamente en la adolescencia, no podían entender el porqué de los cambios en su conducta y en sus actitudes. De hecho no podían reconocer por lo que pasa todo adolescente.

Estaban tan pendientes de Silvia que no podían identificar lo que ellos mismos habían experimentado durante sus respectivas adolescencias —muchos años atrás—. Tampoco podían ver que en el desconcierto de Silvia subyacían sus propios temores de perder, definitivamente, a su pequeña niña...

Como podemos ver con el caso que acabamos de relatar, los padres tienen que pasar por un proceso que requiere reconocer, comprender y aceptar los cambios de su adolescente, pues las transformaciones físicas rebasan en éste la capacidad de ajustarse emocionalmente. El éxito de la comunicación entre los padres y el adolescente depende de la posibilidad de que los primeros puedan reconocer las necesidades del segundo, más que focalizarse en propios temores y angustias personales.

La actitud de los padres ante la propia adolescencia es un factor que puede favorecer o, en su defecto, obstaculizar las relaciones con sus hijos. Y el hecho de que los padres pasen por alto las necesidades del adolescente puede entorpecer la posibilidad de que su hijo se apoye en ellos durante este proceso.

¿Cuáles son las fases por las que pasa todo adolescente?

Podemos distinguir tres fases:

A) La adolescencia temprana, también llamada *pubertad* (aproximadamente de 11 a 15 años), caracterizada por la aparición de los primeros cambios físicos, acompañados por un trabajo de ajuste emocional a estas transformaciones. El nuevo adolescente necesita hacer un replanteamiento de su posición de niño ante sus padres. Ya no requiere de la dependencia y la protección que se le otorga a todo infante, lo que trae como consecuencia su necesidad de contar con un territorio propio, un espacio que sus padres no invadan y que le permita ir haciendo un deslinde respecto de éstos.

Asimismo, las normas y las reglas de la infancia empiezan a apretar. Ya resultan incómodas y constreñidas. Sin embargo, el adolescente aún no cuenta con las herramientas para hacer frente a este ajuste. A partir de aquí surgen sentimientos de inconformidad y confusión. El joven aún no tiene muy claras las razones de su malestar, pero forzosamente necesita manifestarlo, por lo cual comienza a dar las primeras embestidas o los primeros "palos de ciego", como una forma de rebeldía.

Este ajuste requiere necesariamente un proceso doble. Por un lado, el que corresponde a los padres, con su capacidad de flexibilizar los acuerdos que bien podían funcionar para el hijo niño, y su capacidad para entender que el nuevo adolescente prácticamente está teniendo que hacer malabares con su nuevo cuerpo y con un torrente de emociones que empiezan a surgir desde el fondo de su ser.

Por otro lado, mientras el adolescente está asimilando todos estos cambios, algunas cosas salen de su control y los padres de la infancia ya no cuentan con las cualidades y las virtudes que el niño había visto en ellos. Ahora, el adolescente se replantea nuevos ideales, que necesita poner fuera del ámbito familiar y que, en general, recaen en sus amigos. Así, poco a poco va retando y cuestionando los valores y las conductas de los padres, como un viraje forzoso para poder *diferenciarse* y desligarse de ellos.

B) La adolescencia propiamente dicha (aproximadamente de 16 a 18 años) es una fase en la que ya se establece una separación más clara del adolescente con sus padres, que le permite orientar sus afectos hacia una persona del sexo opuesto. A pesar de que en ocasiones esta separación se vive con mucha ambivalencia o, mejor dicho, con sentimientos contradictorios, la posibilidad de establecer un vínculo diferente al que se tiene con los padres de la infancia le permite al adolescente consolidar su personalidad.

A pesar de que hay un notable incremento en el impulso sexual, que al adolescente le puede generar angustia —por la imposibilidad que tiene de externarlo en este momento de su vida—, también se abren nuevas perspectivas para canalizar y experimentar.

El adolescente va descubriendo nuevas sensaciones corporales y las entrelaza a sus emociones, y poniéndolas a prueba con otros adolescentes. Ya es más dueño de los cambios de su cuerpo, y la imagen que tiene de sí mismo está sustentada en cómo se siente con ese nuevo cuerpo. Mientras se va consolidando esta imagen de sí mismo, el adolescente sufre oscilaciones entre el ideal que tiene de sí mismo y la realidad. En este movimiento de péndulo, muchas veces sufre terribles desencantos que se reflejan directamente en su autoestima, en su autoconfianza y en su seguridad. Por eso el cuerpo adquiere dimensiones tan importantes para él.

Por otro lado, en esta fase el adolescente experimenta una división interna importante, ya que para poder separarse de sus progenitores ha tenido que renunciar al ideal que representaban sus padres de la infancia y poner ese ideal fuera de casa. Así, surge una tendencia a dividir las cualidades, depositando los elementos positivos en los amigos, en algún maestro o en un líder, y los negativos en los padres, en el ámbito familiar y en el terreno escolar. Con esta tendencia natural de esta fase, hay padres o educadores que por intolerancia o incomprensión hacen realidad este hecho, convirtiéndose efectivamente en los "malos" que persiguen, castigan y coartan al adolescente.

C) La adolescencia tardía (aproximadamente de 19 a 21 años) es una etapa en la que se van consolidando y definiendo los *intereses vocacionales*. Ya el adolescente requiere instrumentar un deslinde entre las expectativas familiares y sus intereses personales, de acuerdo con un sustento más realista de sus recursos.

El adolescente tardío requiere dominar sus impulsos, pues ya ha adquirido mucha más conciencia de los riesgos y las repercusiones de sus actos, y en lo social va asumiendo responsabilidades y consignas de adulto, pues ya no tiene tantas oportunidades de comportarse inadecuadamente ni puede darse el lujo de responder con exabruptos irracionales. Así, va sintiendo el peso de su nuevo rol de adulto joven, que ya le exige la realización concreta de ciertos objetivos.

En este punto, la *identidad sexual* requiere estabilidad para que el adolescente pueda definir y consolidar sus vínculos afectivos y obtener la satisfacción de sus necesidades emocionales y sexuales.

La brecha natural entre fantasía y realidad —acentuada en las dos fases anteriores— se va cerrando, con lo cual el adolescente adquiere la posibilidad de definir sus metas a mediano y largo plazos.

¿Cuál es la importancia de la niñez para la adolescencia?

Es importante saber que existe una relación directa entre la vida infantil y el proceso adolescente. La adolescencia representa la segunda oportunidad para solucionar conflictos que han quedado pendientes durante la infancia, ya que en este periodo por lo general se reeditan algunos procesos del crecimiento como la autonomía, el autocontrol, el ejercicio de los recursos propios, las formas de vinculación con los otros, por mencionar algunos.

Acceder al mundo de los adultos implica para el adolescente la renuncia a su condición de niño, al mundo infantil. Y al hablar de lo anterior, de manera inevitable se tiene que reconocer que el adolescente enfrenta principalmente un proceso de desprendimiento y de pérdida, tanto por los padres de la infancia, como por el cuerpo de la infancia. Así, éste busca establecer su identidad adulta, apoyándose en sus relaciones tempranas, es decir, en su modo de relacionarse y en las características y las cualidades de sus vínculos desde el momento que nace.

Para comprender esto más con mayor amplitud hay que destacar cómo se va conformando la relación entre padres e hijos. Por un lado, la relación entre éstos no es un bien dado, sino que se va desarrollando como un derivado de la interacción en la que cada uno pone una parte. Y de la suma de estas partes surge el producto final: el vínculo.

Al nacer el niño, los padres tienen diferentes expectativas sobre el pequeño, que van desde las más obvias como el sexo, el parecido, la constitución, a otras que muchas veces no son tan claras como la afinidad con el temperamento del niño, la expectativa de un rendimiento académico, el desarrollo de habilidades, etcétera. Por un lado, el pequeño trae consigo la capacidad de desarrollar una amplia gama de conductas que entran en juego en la relación con los padres, y otras que se desarrollan de manera independiente de éstos. Así, por ejemplo, caminar es una función independiente, pero la capacidad de socialización es un derivado directo del vínculo, que requiere la suficiente seguridad del adolescente en la relación con sus padres para poder separarse de ellos.

Asimismo, la autoridad paterna en principio se ejerce desde un punto de vista externo, es decir, los padres marcan la pauta de lo que debe o no debe hacerse; sin embargo, paulatinamente el niño va adquiriendo su propia autoridad, que le permite tener un cierto grado de autocontrol.

A partir de aquí podemos señalar algunos aspectos básicos de la relación que influirán en el proceso adolescente:

1) La independencia basada en la seguridad del niño: el hecho de que los padres le permitan a su hijo tener cierto grado de autonomía de acuerdo con su edad, facilita la separación, lo fortalece emocionalmente y, en consecuencia, le abre nuevas perspectivas en su capacidad de exploración, aprendizaje y, sobre todo, de adquirir confianza en sí mismo. El logro o no de dicha separación resultará fundamental a la llegada de la adolescencia, ya que en esta etapa se reeditará el proceso de separación.

2) La internalización de normas de conducta: como se señaló antes, en el proceso educativo se debe alcanzar un balance entre la autoridad externa y la responsabilidad del niño. Cuando la autoridad recae mayormente en los padres, se corre el riesgo de que el pequeño sólo actúe ante la presencia paterna y muchas veces bajo amenazas, a diferencia de cuando el niño ha logrado asumir responsabilidades que sabe sólo a él le compete cumplir.

3) El aprovechamiento de los recursos del niño: el proceso de crecimiento y de estimulación del pequeño debe estar enfocado en el desarrollo y en la máxima utilización de sus recursos. Éstos se pueden ver afectados por el proceso educativo y por las expectativas parentales, las cuales en muchas ocasiones responden más a las necesidades de los padres que a las del niño.

En la adolescencia, esta situación puede dar lugar a que las actividades en las que los padres habían insistido tanto, se pierdan, ya que si el niño no logró hacerlas suyas; al llegar a la adolescencia, puede asumir una actitud oposicionista que lo orille a realizar lo contrario a lo esperado, como una forma de reafirmarse.

Durante la adolescencia, las distorsiones en el proceso del desarrollo pueden hacerse evidentes, pero también es importante destacar que representan una nueva oportunidad para su corrección.

El paso de la niñez a la adolescencia implica la transformación de sueños, impulsos y deseos del joven, los cuales durante la infancia se centraban en torno de los miembros de la familia. Al arribar la adolescencia, aquéllos se dirigen hacia el exterior. En este punto, de manera ambivalente se va estableciendo una separación con respecto a las figuras de amor tempranas, es decir, a los padres, ya que el adolescente desea salir del ámbito familiar; pero ese deseo le genera sentimientos de culpa y temor, por lo cual en ocasiones el joven busca, a través del conflicto, facilitar la separación.

¿Qué le pasa al adolescente?

Para entender el proceso adolescente es importante comprender la importancia que tienen algunos conceptos fundamentales:

1) La adquisición de una identidad.
2) El desarrollo sexual.
3) Los cambios psicológicos.
4) Los cambios afectivos.
5) La construcción de un funcionamiento mental y de una forma de ser a partir de la relación con los otros.

Todos estos aspectos se ven trastocados por el proceso adolescente, y conforman lo que Aberastury y Knobel[1] denominaron Síndrome Normal de la Adolescencia. Un "síndrome" se define como un conjunto de signos y síntomas. Los signos son, de alguna forma, "medibles", como la fiebre, y los síntomas son subjetivos, pues son comunicados por el enfermo e implican un grado de interpretación, como en el dolor.

Así que podríamos afirmar que un síndrome implica una patología. Sin embargo, en la adolescencia este conjunto de signos y síntomas conforma al mismo adolescente y se debe considerar como normal. Por ejemplo, los cambios de humor repentinos, la agresividad súbita y la dificultad para concentrarse en la escuela son características normales durante la adolescencia (suelen ser la norma), pero serían indicadores patológicos durante la adultez.

La adquisición de una identidad

Identidad

Como ya hemos mencionado, a partir de los 11 años de edad los cambios físicos del adolescente estarán acompañados por cambios psicológicos que implican la adquisición de una nueva identidad, una ideología y una nueva forma de relacionarse con los adultos y con los amigos. La emocionalidad diversa de esta etapa, aunada a esos cambios, generará una verdadera *crisis de identidad* en el adolescente.

El joven de 15 a 18 años de edad se va a ir desprendiendo de su identidad infantil hasta adquirir una identidad propia. Pero, ¿*qué es la identidad?* Es un sentimiento interno de mismidad y de continuidad: "saber quién soy" y, además seguir siéndolo a lo largo del tiempo. Suena fácil y sin embargo es uno de los retos más complejos y difíciles de la transición a la adolescencia.

Bien, vemos a algunos adultos que, al experimentar diversas transiciones, pueden tener crisis de identidad. Los divorcios, la muerte de un ser querido, e incluso la edad, pueden disparar las conductas más dispares en un adulto bien conformado. Ahora imaginemos las circunstancias por las que atraviesa un adolescente, que aún no posee una identidad establecida y, a la vez, está sujeto a cambios radicales propios de su transformación.

Los adolescentes expresan su identidad por los relatos que cuentan sobre sí mismos. Esto tiene que ver con la idea que poseen acerca de lo que han sido durante su niñez, lo que ellos son en el aquí y ahora, en su presente, y lo que piensan que pueden llegar a ser. Por esta razón se asegura que los procesos de integración de la identidad son uno de los retos más importantes de la adolescencia, ya que tienen que ver con el sentido de permanencia a lo largo del tiempo: dan cuenta de lo que son hoy en relación con su infancia y con la posibilidad de vislumbrar cierta orientación de los proyectos futuros, aunque éstos sean inciertos y nebulosos.

En los procesos de construcción de la identidad adolescente se trata de lidiar con la posibilidad de lograr una imagen unificada y coherente de sí mismo, que le dé sentido y cierta brújula a su vida, ya que une y resignifica las experiencias del pasado, y desde el presente les permite planear, anticipar y prepararse con esperanza para el mañana.

En este sentido, el adolescente transita entre dos terrenos: el del Yo unificado y el del Yo fragmentado. El primero tiene que ver con los procesos de diferenciación y con la búsqueda de ser único y distinto a los demás a partir de la unificación de las partes más genuinas de su Yo y de las partes del Yo fragmentado construido mediante el hecho de copiar ciertos patrones, ideas y actitudes de las personas con las cuales se identifica.

El adolescente que tiene la posibilidad de construir una identidad más coherente es aquel que tiene la oportunidad de oscilar, jugar, acomodarse, contradecirse y transitar entre esos dos espacios, sin ser juzgado, perseguido o comprometido a asumir una posición.

Para lograr establecer su identidad, el adolescente necesita identificarse temporalmente con figuras externas al medio familiar, lo que a veces provoca conflictos y problemas muy complejos. Los papás se sienten seriamente afectados cuando sus hijos deciden imitar las conductas de un artista *punk*, y se tatúan, se pintan los ojos y quieren que les compren una guitarra eléctrica. O si sus hijas empiezan a usar unas prendas minimalistas y numerosos *piercings*, porque es lo que hace su cantante favorita. Todos los padres deseamos que nuestros hijos se identifiquen con deportistas sanos o con artistas creativos, pero eso no siempre es lo que ocurre. Más aún porque en esa necesidad de integrar una representación del sí mismo, separada de otros adultos de la familia, el chico o la chica necesita deshacerse de las imágenes de sus padres y se rebela ante las estructuras que éstos representan, porque las consideran anticuadas y cerradas. Sólo así podrá el adolescente crear aquello que le es propio: valores, ideología, ideales. Tendrá que vencer progresivamente las ideas y los principios que le parecen fuera de sitio de los padres y de la sociedad, mediante la transgresión y la ruptura, por considerarlos anticuados y viejos. Lo anterior será la base de su proceso de individuación.

Dicho en otras palabras, la identidad implica una continuidad y una constancia en los sentimientos, las sensaciones y las actitudes con respecto a objetos y situaciones tanto internos como externos; sin embargo, paradójicamente, esta identidad se logra a partir de la inestabilidad y la inconstancia característicos del proceso adolescente, pues implica la definición de uno mismo a partir de la diferenciación con los otros.

Entre los jóvenes existe una enorme lista de identidades que tienen que ver con elementos tan variados como la clase social, el sexo, el color de la piel, la religión, la orientación sexual, los gustos musicales, la forma de vestir, la edad, etcétera. Estas identidades pueden ser transitorias (por un periodo de tiempo corto, por ejemplo, ser *punk*, o muy religioso sólo por una temporada), ocasionales (adoptadas ante situaciones vividas por primera vez, como cuando a un chico lo cambiamos de escuela y necesita adaptarse comportándose como un "desmadroso", cuando en realidad no es así) o parciales (respondiendo a comportamientos que aparecen en diferentes situaciones, pues el chico o la chica se actúan de cierta forma frente a sus primos, distinta a como se comportan frente a su maestro de natación o frente a sus vecinos). Dichas identidades se encuentran en constante transformación, ya que muchas son abandonadas cuando los jóvenes optan por formas de vida distintas a las que les otorgaba una identidad específica. Lo anterior significa que la identidad no aparece en el adolescente como algo fijo, sino como un "estar siendo" frecuentemente plagado de incertidumbre.

La tarea principal de la adolescencia, decía Erikson,[2] es confrontar la crisis de identidad con la confusión de identidad, o la identidad con la confusión de roles, de modo que el adolescente pueda convertirse en un adulto único con un sentido del Yo consistente y con un rol valorado en la sociedad. Esto implicaría poder ser él mismo todo el tiempo, sin importar las circunstancias, sintiéndose genuino, sin importar el rol que desempeña (alumno, amigo, hijo, líder, etcétera).

"La identidad es imagen y sentimiento. Por un lado, es una operación intelectual que describe existencia, pertenencia, actitud corporal; por otro, es un sentimiento, un estado del ser, una experiencia interior que corresponde a un reconocimiento de sí que se modifica con el devenir."[3]

De acuerdo con Erikson, la identidad se construye a medida que los jóvenes resuelven tres problemas importantes: la elección de una ocupación, la adopción de ideales con los cuales vivir, y el desarrollo de una identidad sexual satisfactoria.

Durante la infancia media, los niños adquieren las habilidades necesarias para tener éxito en su cultura, y durante la adolescencia deben encontrar las formas de utilizar éstas. Cuando los jóvenes tienen dificultades para decidirse por una identidad ocupacional (el famoso "¿qué quiero ser de grande?") —o cuando sus oportunidades se ven limitadas— están en riesgo de presentar conductas con graves consecuencias negativas, como la actividad delictiva o el embarazo temprano.

Según Erikson, la *moratoria psicosocial* permite a los jóvenes buscar causas con las que se puedan comprometer. Con moratoria psicosocial nos referimos a la "pausa" que proporciona precisamente la adolescencia, como un periodo entre la niñez y la adultez que hace las veces de "intermedio".

Muchos adolescentes son presionados hacia una adultez prematura, por ejemplo, cuando se requiere que incursionen en el área laboral para aportar dinero a la casa. No obstante, carecen del tiempo y la oportunidad para enfrentar esta moratoria psicosocial y no pueden "utilizar" este intermedio como un periodo de protección necesario para construir un sentido estable del sí mismo. El concepto de moratoria psicosocial de Erikson, y la noción del trabajo como acto creativo contienen la idea de un cambio psicológico, creativo y de elaboración de nuevas ideas.

Los adolescentes que resuelven satisfactoriamente la crisis de identidad desarrollan la virtud de la fidelidad, la lealtad y la fe, o el sentido de pertenencia a un ser querido o a los amigos o compañeros. La fidelidad es una extensión de la confianza. Y en la infancia es importante poder confiar en los demás para superar la desconfianza. Erikson consideró que el peligro de la confusión de identidad o de roles puede demorar la constitución de la adultez psicológica.

Nuestro autor describe cuatro diferentes estados de identidad o estados del desarrollo del Yo (o del sí mismo):

1) Logro de identidad *(la crisis conduce al compromiso)*. Cuando el adolescente resuelve su crisis de identidad ha hecho elecciones y expresa su compromiso con ellas. Ayudan los padres que han alentado sus elecciones, escuchado sus ideas, ofreciendo sus opiniones sin presionarlo.

2) Exclusión *(compromiso sin crisis)*. Cuando el adolescente ha hecho compromisos, no como resultado de la exploración de eventuales opciones, sino que acepta los planes que otra persona estableció para él. Se siente seguro de sí mismo, pero se muestra dogmático cuando cuestionan sus opiniones. Un ejemplo podrían ser los chicos que adoptaron la religión de sus padres sin cuestionar sus dogmas, y que luego se sienten amenazados cuando son confrontados.

3) Moratoria *(crisis sin compromiso)*. Cuando el adolescente trata de tomar decisiones mientras atraviesa una crisis. Parece animado, puede tener confianza en sí mismo pero también se puede mostrar ansioso y temeroso. Es probable que con el tiempo supere su crisis si adquiere la capacidad de establecer compromisos y hacerse de una identidad establecida. Vemos a estos chicos intentado definir qué quieren

estudiar, brincando de idea a idea y generando mucha angustia en sus papás, que ya desean saber cuál es su plan.

4) Difusión de identidad *(sin compromiso ni crisis)*. Cuando el adolescente no ha considerado en serio sus opciones y ha evitado los compromisos. Es inseguro y tiende a ser poco cooperativo. Sus padres no hablan con él acerca de su futuro. Dicen que es "cosa suya". Las personas que se encuentran en esta categoría tienden a ser desdichadas y solitarias. Cuando este es el caso, es muy importante buscar ayuda y orientación de un especialista.

Identificaciones

La construcción de la identidad se apoya en las *identificaciones* que se han dado previamente, pero al mismo tiempo se desprende de éstas. Las primeras identificaciones que logramos tener las adquirimos con nuestros padres en la infancia, sobre todo con la madre, quien es la persona que se ha hecho cargo de nuestro cuidado primario.

Llegada la adolescencia, el joven deberá zafarse de la relación cercana con sus padres, hasta ahora sus únicas figuras de amor, para poder elegir otras posibilidades de amistad y de enamoramiento fuera de la familia. Los padres deben renunciar a su lugar en la vida de su hijo o hija, y aceptar que ya no son las figuras más importantes.

El psicoanalista francés Phillipe Gutton[4] introduce el término de *obsolescencia* para aludir al proceso de abandono de las figuras parentales en beneficio de la búsqueda de nuevas personas más afines en edad e intereses. Padre y madre deben aceptar que ya son "obsoletos" en la vida amorosa de su hijo o hija. Para el adolescente es necesario "hacerse camino al andar", para formar una base de sentimientos de genuina individuación y de cohesión, sentimientos que aportan seguridad y confianza.

Así es como, en su necesidad de diferenciarse, el adolescente abandonará las figuras parentales como objetos de amor y como modelos. De esta forma se establecerá una reorganización de nuevas identificaciones, una organización de la cosmovisión adolescente que reclamará, a su vez, nuevas identificaciones y nuevas metas. En esta tarea de jugar a ser otro, el adolescente será con otros y estará movido por ideales, ilusiones y fantasías como posibilidades de un Yo que se empieza a construir en un "jugar a ser". De esta forma, los adolescentes crean su propio proyecto identificatorio, su anhelo identificatorio, es decir, su ideal[5] de quién y cómo quieren ser. Pero cada etapa representa la necesidad de poner "en acción" las nuevas posibilidades de ser.

Aquí vemos cómo el proceso promueve composiciones y recomposiciones de los afectos, las emociones, las identificaciones y los vínculos. Es el único camino viable para encontrar lo propio, lo que verdaderamente les pertenece a los adolescentes. Este deseo de identificarse con algún ideal que comprenda las inquietudes y la confusión que genera el ingreso al mundo adulto, sirve como base del proceso de individuación y es fuente de un movimiento laborioso, pero maravillosamente creativo. Es un área de oportunidad para enriquecerse junto con los hijos.

Ideología e ideales

León Grinberg[6] afirma que, en realidad, el "mundo adolescente" debe ser considerado como una verdadera estructura social cuyos integrantes conforman una multitud ansiosa que oscila entre dos polos: *1)* la inestabilidad determinada por los cambios psicobiológicos y la inseguridad que ofrece el ambiente social, y *2)* la búsqueda de un continente estable que confiera solidez y garantía a la tambaleante identidad del adolescente.

Podemos afirmar que la inestabilidad emocional y las dudas del adolescente lo llevan a sentirse *despersonalizado:* ya no sabe quién es ni lo que quiere en realidad. Como deja de idealizar a sus padres, pierde el marco de referencia que éstos le proporcionaban, y es así como llega el momento de que el joven debe crear su propia identidad, misma que se verá reforzada por la adopción de una ideología, la cual le dará un marco de referencia y una estructura a seguir. Desde el punto de vista social, esta ideología le permite sentirse parte de algo.

Así también, es importante identificar de qué parte deriva la elección de esta ideología. Puede provenir de la parte sana o de la parte no tan sana de la personalidad. En el primer caso, la ideología es producto del proceso de elaboración que implica un conocimiento auténtico y no racionalizado de aquello que orientaron su elección. Por ejemplo, el joven que decide ser "vegano" y no comer ningún producto animal por razones de salud y de protección a la fauna. En el segundo caso, la ideología es resultado de un conflicto interno, como el adolescente que se somete a la ideología de su grupo de pares, la cual le es impuesta en forma parasitaria e impositiva. Es el caso de algunos jóvenes que son lanzados a un movimiento político rebelde sólo porque sus pares participan en él, sin conocer con exactitud las razones o las consecuencias de su lucha.

El rechazo de los ideales parentales, la búsqueda de nuevas identificaciones y la reactivación de la *omnipotencia* infantil (todo lo pueden, todo lo saben, todo lo dominan), en pugna con la aceptación de su cuerpo, puede llevar al adolescente a sufrir regresiones y problemas emocionales que a veces pueden ser graves. El rechazo de los viejos ideales y el vacío de los nuevos ideales que deberían remplazar a aquéllos, induce al adolescente a construir "neonecesidades" que con frecuencia sorprenden a los padres. Aquí es importante señalar que los adolescentes a quienes se les da todo de manera inmediata, dejan de desear, lo que resulta muy grave.[7]

A veces el adolescente que comienza a perder sus antiguas identificaciones toma el aspecto de "algo prestado". A los padres les parece ajeno o falso cuando de pronto parecen oradores de la Cámara de Senadores o hermanos de la caridad. Lo anterior ocurre sobre todo si sus opiniones son tomadas en préstamo; sin embargo, debemos tener confianza en que el chico o la chica no se deshará de esas ideas que toma en forma de préstamo, sino que logrará darles un significado para modificarlas, integrarlas y hacerlas suyas. Su personalidad será un *collage*, una composición de muchos aprendizajes e ideas, pero estará integrada como una identidad continua y estable que le dará consistencia y seguridad.[8]

La individuación, como proceso fundamental de la adolescencia, sólo se logra elaborando el duelo por los padres de la infancia, desidealizándolos, e identificándose con otras figuras adultas ajenas a la familia, consistentes y firmes, las cuales actúan como sustitutos parentales. Estas figuras pueden ser los maestros de la escuela, quienes fungen como líderes políticos que representan los ideales del adolescente. Asimismo, la adquisición de una ideología propia, aun si implica la rebelión y la transgresión de los ideales parentales, contribuirá al proceso de individuación.

EL DESARROLLO SEXUAL

La transformación en la pubertad se inicia en el cuerpo, con el oleaje hormonal que remueve lo afectivo e inaugura la excitabilidad genital. La llegada de la pubertad indica que *la sexualidad no puede ser diferida*. ¿Qué queremos decir con esto? El púber no puede ordenarle al cuerpo que comience a desarrollarse un poco más tarde, que no lo invada con hormonas y cambios tan disruptivos. Los cambios corporales aparecen sin preguntar y esta invasión no acepta demora, lo cual reinstala una dependencia de las figuras parentales que en apariencia ya había sido superada en la época de la latencia. También da sentido de complementariedad de los sexos; esto es, niño y niña son diferentes pero se complementan.

Los cambios físicos del adolescente son uno de los aspectos más relevantes de esta fase de la vida, por sus manifestaciones tanto *físicas* como *psicológicas*. El cambio corporal confronta al adolescente con la necesidad de replantearse ante sí mismo quién es, para definir su posición con respecto a las nuevas sensaciones que experimenta. Inicia, pues, la búsqueda de *marcos referenciales* (léase "amigos") que le den pauta acerca de cómo es y cómo debería ser. Esta comparación está basada inicialmente en los cambios físicos evidentes, con todas las vicisitudes que eso acarrea, por la diversidad de ritmos de desarrollo que plantean influencias de tipo geográfico, racial, socioeconómico, hereditario, etcétera, de acuerdo con las características de cada adolescente. Lo anterior contrasta continuamente con los modelos sociales "ideales".

Los cambios físicos se desencadenan debido al desarrollo de las glándulas endócrinas. Del momento en que entran en actividad depende el inicio de dichas transformaciones.

Una vez que estas glándulas se han puesto en funcionamiento, aparecen las primeras manifestaciones: los órganos sexuales incrementan su tamaño e inician la producción de óvulos en la mujer, acompañada de la aparición de la menstruación *(menarca)*, y de los espermatozoides, en el hombre. Posteriormente, en forma paulatina aparecen los caracteres sexuales secundarios; tanto en el hombre como en la mujer se produce el aumento de talla y, más adelante (uno o dos años más tarde), de peso.

En las mujeres algunos de los cambios más evidentes tienen que ver con el crecimiento del cuerpo, que toma una forma redondeada y curvilínea, así como con el ensanchamiento de las caderas. Este cambio es debido a la formación de tejido adiposo alrededor de cadera, nalgas y muslos, acompañado del desarrollo de los senos. La aparición de vello púbico y vello axilar puede presentarse en diferentes momentos, ya sea al inicio de la pubertad o más tarde.

Una característica del proceso del desarrollo adolescente, que es motivo de preocupación y de muchos problemas —más de carácter psicológico que físico—, es el referente al incremento de la producción de grasa de las glándulas sebáceas, que en ocasiones rebasa la capacidad de eliminación del organismo, dando origen a los consabidos "barritos", los cuales, por su efecto en la imagen del adolescente, se vuelven motivo de gran preocupación.

En el muchacho, los cambios físicos se manifiestan a partir de la producción de testosterona, misma que da lugar a la generación de espermatozoides, así como en el incremento de talla y en el alargamiento de las extremidades. La aparición de vello púbico y axilar, el aumento del vello en brazos, pecho, piernas y cara, así como el aumento del tamaño de los órganos sexuales y el cambio de voz, son algunos de los aspectos más evidentes y que, a la vez, son motivo de orgullo o de preocupación entre el grupo de pares.

Los cambios hormonales comienzan gracias al funcionamiento del hipotálamo, que es una glándula del tamaño de un chícharo ubicada en el cerebro, la cual se ocupa de controlar y regular la actividad de todas la demás glándulas del cuerpo. Así pues, esta glándula establece una relación integradora entre el sistema nervioso y el endócrino, desencadenando el funcionamiento de la glándula pituitaria, la cual al inicio de la adolescencia segrega hormonas del crecimiento (GH), de estimulación de folículos (FSH) que regulan el desarrollo y el crecimiento, la maduración puberal y los procesos reproductivos del cuerpo; la hormona luteinizante (LH) que regula en el hombre la secreción de testosterona, y en la mujer, la maduración de los folículos, la ovulación, la iniciación del cuerpo lúteo y la secreción de progesterona, y la hormona ACTH, que controla las secreciones de las glándulas endócrinas y adrenales. Mientras en la mujer la hormona FSH estimula la producción de óvulos, en el hombre estimula la producción de espermatozoides, como resultado de la activación que hace de la LH, la cual activa las células de los tubos de los testículos para que produzcan testosterona. Los estrógenos que producen los ovarios en la mujer, y la testosterona en el hombre, son las hormonas responsables del desarrollo de los caracteres sexuales primarios y secundarios.

Los cambios físicos desencadenan el impulso sexual, y esto es vivido por el chico o la chica como un verdadero avasallamiento de su cuerpo. El chico *no* puede demorar su crecimiento, *no* puede evitar que las hormonas transformen su cuerpo y lo pongan a disposición de su sexualidad; por eso su cuerpo es vivido por él o por ella con mucha confusión y, a veces, con enojo. De un momento a otro debe abandonar el cuerpo infantil, y los gustos y los intereses de la niñez, lo cual requiere la elaboración de un duelo, que nunca es fácil, y menos si se debe hacer a la vista de todo el mundo.

A partir de aquí se articula el cuerpo y sus deseos, que deben ser dirigidos fuera del círculo familiar y de sus figuras incestuosas. Es un pasaje inaugurado por una crisis, ruptura desde el mismo cuerpo, acompañada por la reorganización afectiva e identitaria que genera una estructuración y una restructuración de todo el psiquismo, y de la relación del cuerpo con los cambios psicológicos y con la realidad. A partir de ahí, el adolescente deja la niñez e ingresa al mundo adulto, pasaje que implica una tramitación en la que la individuación y la vulnerabilidad van de la mano.

La sexualidad contiene un abanico de significados que los adolescentes se van apropiando al participar en su ejercicio, sea escuchando pláticas, observando o lanzándose al ruedo. El ejercicio de la sexualidad es una experiencia que puede estar motivada por la curiosidad, por la calentura o por la posibilidad de establecer un encuentro sentimental. Los chicos y las chicas destacan la importancia de los sentimientos y el establecimiento de una relación de confianza e íntima con el otro. La experiencia de abrirse ante el otro conduce a una exploración del sí mismo, de los sentimientos, de los miedos y las incertidumbres, en compañía del otro. La identidad de los jóvenes es modificada profundamente cuando comparten su intimidad, la cual llega a ser asumida como la de una pareja.

La primera experiencia sexual reafirma la identidad de los adolescentes varones como hombres; a diferencia de las mujeres, que pueden sentir una pérdida, una sensación de vulnerabilidad. Estos dos significados contrastantes dependen de un marco patriarcal, en tanto que hay una dominancia de los significados de lo masculino como el lado activo de la relación sexual.[9] No obstante, la exploración de la sexualidad se plantea para ambos géneros como un ámbito fundamental en el conocimiento del otro género y de sí mismos.

LOS CAMBIOS PSICOLÓGICOS

Los cambios psicológicos de la adolescencia se dan, en un primer momento, como intentos que hace el nuevo joven por adaptarse a las modificaciones que experimenta en su cuerpo. Estos cambios también guardan una relación muy estrecha con la niñez, es decir, con la manera como se han vivido las diferentes etapas de la infancia. Por ejemplo, un niño que se ha desarrollado en un ambiente adecuado y ha tenido la posibilidad de establecer vínculos de afecto y amor principalmente con sus padres, llega a esta etapa mucho más equipado para enfrentarse a los embates de este proceso y, por lo tanto, sus cambios psicológicos tienden a manifestarse dentro de un rango de normalidad.

De esta forma, también se puede pensar que la manifestación de cambios o conductas francamente exageradas guarda una relación directa con cuestiones de la infancia que por alguna razón no pudieron resolverse en su momento.

En la adolescencia se ven embrolladas la mayoría de las funciones psicológicas, entre ellas funciones del Yo que resultan imprescindibles para resguardar al joven del riesgo, que incluyen la prueba de realidad, el juicio crítico y el control de impulsos y afectos.[10] Por lo anterior, a pesar de que el adolescente está verazmente informado, incurre en conductas que pueden ser peligrosas para él. Por ejemplo, aunque sepa muy bien que tener relaciones sexuales sin protección puede implicar un embarazo o una enfermedad de transmisión sexual, las tendrá. Por un lado, es omnipotente y piensa: "A mí no me va a pasar"; y, por otro lado, contribuye su impulsividad, el efecto de su intensa afectividad y el fantaseo. Y a todo lo anterior se suman sus grandes dificultades para demorar la acción y evaluar sus consecuencias. Para entender mejor todo este proceso, a continuación describiremos los aspectos psicológicos que sufren modificaciones durante el proceso adolescente.

El Yo del adolescente

El Yo se define como la instancia que regula a la persona y la ayuda a adaptarse a la realidad. Por un lado, modera aquellos impulsos y afectos provenientes del interior del individuo y, por otro, evalúa la realidad externa para lograr un mejor proceso de adaptación. Cuenta con sistemas de defensa (mecanismos defensivos) para lograr sostener la integridad del individuo, y soluciona conflictos entre lo impulsivo y las necesidades que plantea el mundo externo.

El ser humano se ve siempre sobreexigido por los impulsos instintivos que lo invaden y que requieren satisfacción inmediata, las exigencias del entorno y la necesidad que hay de adaptarse a éste y, asimismo, las leyes éticas y morales y el "deber ser" internalizado desde la relación con los padres. La instancia que logrará la mediación entre estas tres demandas será el Yo.

Gracias al Yo, como instancia mediadora y reguladora, no somos instintivos como los animales, sino que evaluamos los pros y los contras de una situación dada antes de actuar; por ejemplo, antes de tener relaciones sexuales con una persona extraña, de bajarnos del coche para golpear al taxista que se nos metió; antes de comernos 10 pasteles o de tirarnos de un puente cuando estamos deprimidos. Cuando el Yo está fragilizado, ya sea porque el individuo está pasando por una situación difícil, porque está atravesando una crisis o porque tiene, de suyo, un Yo frágil debido a que su desarrollo se ha llevado a cabo en una situación complicada o, incluso traumática, esta mediación es ineficaz y el individuo incurre en conductas riesgosas como las recién mencionadas.

Los niños aún no han desarrollado un Yo fuerte y por eso necesitan la vigilancia de los padres que ayudan a que sus hijos se formen. Cuando un padre le dice a su hijo que no le pegue a su hermano, o que tiene que comer bien antes de llenarse de dulces, lo está ayudando a controlar sus impulsos y a tolerar la demora.

La adolescencia es una etapa de maduración en la cual el individuo debe elaborar nuevas exigencias para llegar a un Yo estable. Sin embargo, al ser un periodo de reestructuración, este mismo Yo se ve empobrecido por dos razones principales:[11] el exceso de impulsividad y la urgencia de defenderse de ella, y la necesidad de retirar el interés y la libido de las figuras de la infancia (padres, familia), y migrar éste hacia nuevas personas externas al núcleo familiar, como son los amigos (o grupo de pares).

Es evidente que el Yo adolescente sólo podrá desarrollarse de forma correcta si el periodo anterior a la pubertad, llamada "latencia", ha sido superado de manera satisfactoria y se ha obtenido un apoyo adecuado por parte de los padres. Se dice que el logro psicológico más importante de la temprana infancia está en la dominación del cuerpo; el del periodo de latencia es la dominación del medio ambiente (lo que se ve claramente en el desarrollo escolar), y el logro de la adolescencia es el dominio de las emociones y los impulsos.[12] Durante la adolescencia, el Yo debe mediar con el aumento en la impulsividad del cuerpo y con la emocionalidad a flor de piel, y armonizar tanto los estímulos externos como los internos.

Para que el Yo trabaje de una forma eficiente, recurre a las siguientes funciones:

Prueba de realidad. La prueba de realidad implica la posibilidad de distinguir las ideas, percepciones e imágenes que provienen del mundo externo de aquellas que vienen del mundo interno, de la fantasía. La percepción del mundo externo se puede ver alterada de forma importante por un estado afectivo, lo cual puede llevar incluso a la alucinación o a distorsiones muy importantes. Si estamos caminando por el bosque y nos cuentan que la semana pasada murieron ahí dos personas por picaduras de víboras, es muy probable que a cada rama o a cada raíz le veamos el aspecto de una serpiente.

Otros componentes importantes de la prueba de realidad incluyen la validación de las percepciones intrapersonales[13] e interpersonales.[14] Las emociones influyen fuertemente nuestras percepciones, y por eso interpretamos las acciones de los otros de una u otra forma. El adolescente es muy susceptible a interpretar las acciones de otros, dependiendo de sus propias emociones (de tristeza, enojo, angustia, etcétera).

Al ser la adolescencia una etapa de duelo,[15] como lo hemos comentado a lo largo de este texto, el Yo entra en una crisis importante, pues la sensación de desamparo es muy intensa y colocan al adolescente en una situación de extrema confusión, por lo que resultará importante capacitarlo para distinguir lo interno de lo externo, y lo presente de lo pasado.[16]

Juicio de realidad. La capacidad de juicio implica percatarse de las posibles consecuencias de las conductas que se intentan o se realizan. Implica la capacidad del Yo para apreciar su interacción con el mundo externo. Las fallas en el juicio propiciarán conductas inapropiadas, inadecuadas o impulsivas. Esto orillará al chico a involucrarse en situaciones conflictivas e incluso peligrosas. Un individuo con buen juicio podrá establecer cierta demora del impulso inicial para poder establecer diversas posibilidades de acción y elegir la más conveniente. El juicio se va adquiriendo a través del tiempo y la experiencia. El juicio no sólo depende de la capacidad para discriminar, sino también de la anticipación y la adecuación de la conducta.[17]

Así, el adolescente irá aprendiendo a no gritar a las figuras de autoridad, a no pedir "aventón" a extraños, a no dejar velas encendidas en la recámara, etcétera.

En la adolescencia el juicio se ve comprometido por la gran emocionalidad y la impulsividad que resulta peligrosa. La apreciación de las consecuencias de las acciones del adolescente es poco realista por la relación que éste tiene con sus emociones, sus afectos y sus impulsos, y por la distorsión que hace del tiempo y de la finitud.[18]

Sentido de realidad, del mundo y del self. El sentido de realidad se manifiesta por el grado en que los sucesos externos se experimentan como algo genuino y real, así como el grado en que el cuerpo y sus funciones se experimentan como algo propio y familiar. Implica la clara distinción entre el Yo y el no Yo, entre el sí mismo y las imágenes que se tienen sobre las personas que rodean al adolescente.

Los logros de un adecuado desarrollo permiten que el chico pueda hacer la diferencia entre él y el mundo exterior en términos de persona, tiempo y lugar, con los límites del Yo claramente definidos.

En algunos estados patológicos se dan los fenómenos de "desrealización" y de "despersonalización", que implican el borramiento de los límites del Yo y del mundo externo. La desrealización es la sensación de que lo que se está viviendo no es real, como si uno estuviera en un sueño o en una película; y la despersonalización es la sensación de "no ser yo mismo". Esto puede suceder durante la adolescencia, siendo fallas en el sentido de realidad.

Asimismo, se presentan fallas en el autoconcepto[19] debido a la falta de un concepto constante y congruente del sí mismo, también llamado *self*. El *self* hace referencia a nuestro autoconcepto y a la posibilidad que tenemos de pensarnos a nosotros mismos sobre cómo somos, quiénes somos, cómo deberíamos ser, etcétera. El *self* es capaz de poner distancia y hacer un juicio sobre nosotros mismos, lo que es nuestro, el "sí mismo". El *myself* explica muy bien el "sí mismo" o el *self*. Por ejemplo: "Yo me considero a mí misma como una persona que se angustia por tratar de ser ordenada, así es mi *self*". Al adolescente se le dificulta generar un autoconcepto estable porque depende en gran medida de la opinión de los demás.

Regulación y control de impulsos y los afectos. Una de las funciones más importantes del Yo, y más comprometida en la adolescencia, es su capacidad para tolerar, controlar y regular los impulsos y los afectos. Lo anterior se relaciona con la capacidad para tolerar la ansiedad, la frustración y la depresión, y para posponer la "descarga" afectiva y lograr una concordancia más armoniosa con la realidad.

En el adolescente, tanto los impulsos como los afectos se incrementan considerablemente, llevándolo a actuaciones que pueden ser dañinas para él. La adaptación del adolescente dependerá de la conciencia y el control que éste tenga sobre los impulsos y los afectos que lo sobrecogen inesperadamente, y la capacidad que muestre para controlarlos y no actuarlos de forma impulsiva.

El adolescente no hace nada de lo que hace por falta de información, sino por su impulsividad, y lo compulsivo aparece como una repetición para resolver un factor emocional que está "atorado", que no ha sido significado ni elaborado. Por más información que se le proporcione al adolescente con respecto a la sexualidad, a las drogas, a las conductas de riesgos, etcétera, no se logrará un efecto importante si no se toma en consideración la impulsividad del adolescente y su omnipotencia ("a mí no me va a pasar").

Proceso de pensamiento. Recientemente el adolescente ha logrado pasar de un pensamiento de tipo concreto (infantil) a un pensamiento funcional o abstracto, lo que le abre nuevas posibilidades que debe poner en juego a través de la creatividad. Ya puede pensar a partir de ideas propias, reflexionarlas, diferenciarlas y pensar sobre ellas, adquiriendo, poco a poco, las estructuras de pensamiento del mundo adulto. Por eso el adolescente se fascina tanto con el albur o el doble sentido, no sólo por su contenido sexual, sino porque por fin los entiende. Sin embargo, y en contraparte, a veces ocurre la inhibición y por eso el pensamiento parece como si estuviera "bloqueado", lo que hace que el adolescente no se pueda expresar mediante el lenguaje o la creatividad.

Regresión adaptativa al servicio del Yo. En el adolescente el Yo en ocasiones se ve sobreexigido por los estímulos externos y por la impulsividad y la variabilidad emocional, por lo que la regresión a fases anteriores del desarrollo, a funcionamientos infantiles, puede implicar un resguardo que permita la solución de los conflictos y una nueva progresión.

Funcionamiento defensivo. Las defensas son aquellas técnicas de las que se sirve el Yo para mantener su integridad, al permitir reducir la ansiedad y la depresión. El Yo del adolescente, al verse abrumado por la intensidad y la urgencia de sus impulsos, necesita redoblar su actividad defensiva, lo que puede verse como la expresión de un proceso patológico sin serlo.

Anna Freud[20] especificó dos mecanismos defensivos propios de la adolescencia: el ascetismo y la intelectualización. El ascetismo consiste en oponer al incremento de los deseos las prohibiciones más estrictas. Así, cuando el impulso dice "yo quiero", el Yo responde "no debes". Es muy claro en los adolescentes que no comen carne o no usan el internet como una forma de privarse de lujos o placeres.

La intelectualización consiste en relacionar los impulsos con ideas para hacerlos accesibles a la conciencia y sujetos al control de la misma, lo que permite la expresión de la agresión en forma desplazada y más apropiada. ¿Cómo puede un adolescente expresar su agresión sin ofender al otro ni dañar? Pues ligándola con ideas. Así encontraremos a jóvenes que se involucran en movimientos políticos, como en las universidades, enarbolando una ideología determinada, o involucrándose en actos justicieros, o incluso religiosos. Por eso hallamos en ocasiones esta intensa preocupación por aspectos religiosos, políticos, raciales y sociales.

Blos[21] afirma que otro mecanismo utilizado por el adolescente es la identificación con el grupo, pues le permite desarrollar una identidad a partir de los ideales de sus pares (amigos).

Para Isaías,[22] las nuevas dimensiones del pensamiento abstracto requieren la búsqueda de una sobreestimulación sensorial, originando sensaciones que alivian la angustia. El peligro radica en que el adolescente agregue el alcohol y las drogas a la sobreestimulación sensorial, pues producen la ilusión de una intensa vinculación con el grupo y con él.

Barrera de estímulos. Ésta es una función del Yo que intenta proteger a las personas del exceso de estimulación, mientras que, por otro lado, es responsable de recibir todos los estímulos que provienen del mundo externo para tramitarla y suavizarla. En la adolescencia, esta se encuentra disminuida por lo que el chico tiende a buscar estímulos externos más elevados, como la música o los deportes extremos. Sólo así entendemos que los chicos disfruten las fiestas "rave", los videojuegos ruidosos y "explosivos" para la vista, o cualquier situación que implique un derroche de adrenalina.

LOS CAMBIOS AFECTIVOS

Es normal encontrar que el adolescente cambie muy rápidamente de estado de ánimo de un momento al otro, alternando momentos de tristeza, con euforia y con rabia. Con frecuencia se ve invadido por sentimientos de soledad, vacío e incomprensión, y por eso busca un refugio en su mundo interno y en sus fantasías. Lo anterior no nos debe extrañar debido a que el chico se está enfrentando a la necesidad de elaborar determinados duelos.

Los duelos

Un "síntoma" del "síndrome normal" de la adolescencia son las fluctuaciones del estado de ánimo con tendencia a la depresión, y esto se debe en lo fundamental a que el adolescente debe elaborar los siguientes duelos: por el cuerpo de la infancia y por la identidad y el rol infantil, y por los padres de la infancia. Esto lo hace un ser extremadamente sensible y receptivo.

Por el cuerpo de la infancia. El adolescente se ve obligado a asistir y presenciar pasivamente una serie de modificaciones en su ser, incluidos los avasalladores cambios biológicos que trastocan su cuerpo. Esto crea un sentimiento de impotencia frente a su propia realidad. No se puede rebelar contra su cuerpo, por eso desplaza su rebeldía al pensamiento o a la acción contra padres, maestros y demás figuras de autoridad. Por eso suele presentar mucha omnipotencia y arrogancia. La omnipotencia se da frente al fracaso en el manejo de la realidad externa, pues el joven vive la pérdida de su cuerpo infantil con una mente aún en la infancia y con un cuerpo que velozmente se convierte en adulto, aportando grandes dosis de hormonas que no pueden sino abonar al desconcierto y a la confusión. Esta transformación brutal produce verdaderos fenómenos de "despersonalización" (el chico no se siente "él mismo") que dominan el pensamiento adolescente. Para manejar esta extrañeza del propio cuerpo, el adolescente utiliza la omnipotencia y la arrogancia, por ejemplo, proponiendo reformas políticas y sociales, refugiándose en la religiosidad, etcétera. En estos "cambios" que él propone, y en estas críticas que lanza ferozmente a lo establecido, él no está propiamente involucrado como persona física (puesto que en este sentido se siente aún muy inadecuado) sino como ser pensante. Aparece de esta forma la negación del cuerpo infantil perdido que, en vaivenes de acercamiento a la realidad, logra irse elaborando como pérdida y aceptando su nueva personalidad.

Esta omnipotencia es vivida por aquellos que rodean al adolescente como algo muy chocante. El adolescente "cae mal", pues piensa y actúa como si lo pudiera todo, como si lo supiera todo, como si fuera el dueño del mundo.

El adolescente es arrogante porque actúa como si tuviera virtudes y conocimientos que no tiene. Es común que un adolescente discuta de política o economía mexicana devaluando la visión de los padres, como si éstos no tuvieran más de 40 años viviendo en este país.

La despersonalización, por otro lado, implica fragilidad sentimental, y por eso puede generar la pérdida de personas queridas de su entorno, sobre todo amistades. El adolescente pierde no sólo afectivamente a diversas figuras de su medio sino también a su cuerpo infantil.[23]

Si estos duelos no se logran elaborar, la confusión es extrema y el adolescente niega su nueva realidad comenzando a comportarse como un impostor, actuando roles fantaseados que vive como verdaderos. Desde aquí podemos entender fenómenos como el *"falso self"*[24] o los trastornos alimenticios como la anorexia.

Duelo por la identidad y por el rol infantil. La dependencia infantil, natural y lógica, implica que el infante acepte su impotencia y la urgencia de que otros se hagan cargo de sus necesidades, e inclusive de algunas de sus funciones psicológicas. Esta dependencia comienza a despeñarse en la adolescencia dando como consecuencia una confusión de roles, pues el joven no puede mantener la dependencia infantil ni asumir una independencia adulta, lo que genera un fracaso en la integración de su personalidad. Por eso delega en el grupo de pares, en sus amigos, gran parte de sus atributos, virtudes y logros, y en sus papás las obligaciones y las responsabilidades. De esta forma, su personalidad queda fuera de todo este proceso de pensamiento debido a su manejo omnipotente, por lo que se convierten en irresponsables y flojos, y la prueba de realidad, el juicio y otras funciones del Yo quedarán a cargo de los padres. No obstante, lo anterior genera que a veces los adolescentes traten a sus papás u otros adultos como objetos que están a su uso y servicio, y que tienen que satisfacer sus necesidades inmediatas. Esta desconsideración por los otros hace que sus relaciones sean fugaces y volátiles, lo que genera aún más inestabilidad emocional, con sus crisis pasionales y sus lagunas de indiferencia total.[25]

La exageración o la fijación de este proceso por dificultades en la elaboración del duelo explican las conductas psicopáticas de crueldad y desafecto, la actuación impulsiva y la falta de responsabilidad. El adolescente psicopático manejará, permanente e intensamente, a las personas como objetos, sin culpa y sin consideración. El adolescente normal lo hará también, pero transitoriamente y pudiendo elaborar la culpa que ello le genera. La imposibilidad para aceptar y reconocer la frustración que produce la dependencia infantil obliga al adolescente a negar la culpa y a inducir al grupo a actuaciones violentas. En lo individual, mostrará un pensamiento cruel, desafectivo y ridiculizante de los demás como defensa frente a la culpa y el duelo por la infancia perdida.[26]

Por todo esto, el adolescente atraviesa por importantes periodos de confusión de identidad que generan que el pensamiento funcione de acuerdo con sus amigos, lo cual le permite un apoyo importante debido al "agrandamiento" que significa sumar su Yo con el Yo de los demás y sentirse seguro por su estabilidad como grupo.[27]

Duelo por los padres de la infancia. La relación de dependencia con los padres normalmente se elabora de manera paulatina, pero la impotencia frente a los cambios corporales, las dificultades en la adquisición de la identidad y las expectativas sociales hacen que el adolescente recurra a procesos de negación: "Aquí no pasa nada". Esta negación también opera en los padres y demás personajes en la vida del chico, quienes de ninguna manera permanecen pasivos frente a dichas circunstancias. Ellos, los padres, también deben elaborar el duelo por la pérdida de sus niños y de su absoluta dependencia y sometimiento. Así se genera un doble duelo. Los hijos pretenderán tener unos padres protectores y controladores, a la vez que desean unos padres idealizados que satisfagan inmediatamente las tendencias del adolescente, con la fantasía de que faciliten su independencia. Por eso tienden a pedir el coche familiar prestado, a pedir dinero, etcétera.

El adolescente debe lograr una progresiva separación de los padres, y por eso tiene explosiones de rebeldía e inconformidad a través de tendencias oposicionistas (se oponen a realizar lo que se pide de ellos, con el "no" por delante) frente a la familia y en la escuela, e incluso ante las instituciones. De esta forma compite, y mediante esta rivalidad y esta competencia explora sus propias capacidades, para descubrir los nuevos recursos que ha adquirido para adaptarse al medio. Va a poner a prueba lo que es conocido y familiar, y experimentará con lo nuevo que se presenta. Es por ello que con frecuencia exigirá mayor libertad en salidas y horarios, y en su manera de pensar.

Ante las frustraciones frente a los padres reales, el adolescente sucumbe a la idealización de figuras externas a la familia y proyecta la imagen parental idealizada en los maestros, las figuras deportivas, los artistas o los amigos íntimos.

Cuando el duelo no puede ser elaborado, y la pérdida del suministro parental desencadena frustraciones demasiado intensas, la defensa tendrá un efecto avasallador. La negativa del dinero o del coche generará su robo, por ejemplo; hay acción sin pensamiento. En ocasiones la personalidad psicopática de este adolescente buscará diluirse a través de grupos delictivos.[28]

Los adolescentes aparentemente se separan de los padres, sin hacerlo de manera genuina, y en ocasiones adhiriéndose a un objeto (como las drogas o el internet) que no pueda abandonarlos. La dificultad para elaborar las pérdidas hace que tengan anestesiado el sentir, pues el dolor llega a ser excesivo. En ese caso, se deshacen de forma violenta de toda vinculación con los demás, lo que genera una sensación de vacío a veces intolerable; vacío que se vive como real, como un hueco que debe ser llenado con un objeto sustituto (comida, drogas, sexo, violencia). En esta tentativa de separarse, el adolescente intenta "sacar de sí" todo aquello que vive como presencia materna-paterna dentro de él; sin embargo, él "es" ya rasgos maternos y paternos, identificaciones que lo sostienen, por lo que al intentar expulsarlos, expulsa pedazos de sí mismo. La sensación de "romperse en mil pedazos" lo abrumará, facilitando que se aferre a algo o a alguien que le garantice el cuidado y el sostén que busca y que lo hace sentir que existe.[29]

En un primer momento lo que quieren los adolescentes es aplacar el dolor, pero en un segundo momento el "no sentir" les genera desazón y los deja con vivencias de vacío, de "no vida". Por ello intentan férreamente revivirse a partir de las "emociones fuertes": el alcohol, la droga, la velocidad, la música, la violencia... todos ellos elementos que lo sacan del estado de apatía.

Susana, 15 años

A veces siento que odio a mis padres; es increíble que hasta hace unos años las cosas iban muy bien entre nosotros, pero de un tiempo a la fecha se han vuelto insoportables, me tratan como una niña y en todo momento tratan de entrometerse.

Nada les parece: ni mis amigos, ni la ropa que me pongo, ni cómo me peino. Quieren ser amigables conmigo, pero en el fondo yo sé que lo hacen para no dejarme ser como quiero, estoy casi segura de que quisieran que siguiera siendo la niña obediente de ocho años que a todo les decía que sí; me siento atrapada porque no aceptan que ya soy otra, que ya crecí...

El tiempo y la mortandad en el adolescente

El adolescente entra en una crisis de temporalidad, esto es, se le dificulta evaluar el tiempo, pues mezcla el tiempo infantil, que es muy limitado, con las nociones adultas de la temporalidad. Por eso, para el adolescente implica la contradicción entre la inmediatez o la postergación infinita; las urgencias son enormes y los retrasos son innecesarios, por eso estudiarán dos minutos antes del examen mientras que decidirán con tres meses de anticipación el vestido que se pondrán para la fiesta de graduación.

Tienen un sentido de urgencia para resolver inmediatamente sus necesidades debido a que la dimensión del tiempo para ellos adquiere nuevas proporciones, y a que la tolerancia a la frustración es más pobre.

La percepción y la distinción de lo temporal es una de las tareas más importantes de la adolescencia, para poder reconocer un pasado y formular proyectos para el futuro, y lograr a la vez la capacidad de espera y de elaboración.[30] Con todas las dificultades que eso implica, dice Janin,[31] quizás uno de los aspectos más importantes de la adolescencia sea la posibilidad de armar proyectos. Aunque quizás como proyecto de vida el adolescente decida elegir aquello que genere bienestar, la familia como referente nostálgico, por ejemplo.

Asimismo, el adolescente carece de la noción de mortandad como proceso verdaderamente infinito e irreversible; por eso es más fácil imaginar las reacciones que podrían tener los demás ante su muerte, y ello lo hace más susceptible a la ideación suicida como una fantasía: "¿Quiénes irían a mi velorio? ¿Me extrañarían y se arrepentirían por haberme tratado mal?"

La construcción del funcionamiento mental y de una forma de ser a partir de la relación con los otros

El adolescente se va construyendo a sí mismo a partir de la relación con los otros, no sólo con la familia sino también con el grupo de pares y con los compañeros de escuela. Ya hemos mencionado lo importante que es para ellos pertenecer a un grupo de jóvenes con los cuales identificarse, y es por eso que comienzan a utilizar diferentes modismos, vestimentas y clichés, denotando excesiva preocupación por el cuerpo y la apariencia física. Idealizarán a las amistades buscando intensamente ser aceptados, lo que los hará hipersensibles a la crítica. Ante los demás será común que el adolescente oscile entre sentimientos de inferioridad y superioridad que dan como resultado altibajos en su autoestima. La búsqueda de aceptación será intensa, sobre todo con el sexo opuesto, con el que desearán la realización de un amor.

Por otro lado, el chico mostrará notorias fluctuaciones entre la necesidad de dependencia con los padres y la prisa por obtener la autonomía y la independencia de éstos, lo que revela serias contradicciones entre lo que piensa y lo que hace, entre lo que cree en un momento y lo que cree en otro. Finalmente, el hijo adolescente desea fervientemente ser aceptado en su decisión de vivir un amor, de realizar un trabajo y de forjar ideales.

La socialización en la adolescencia:
la importancia de los amigos

En la socialización entre pares se despliega una gama muy diversa de prácticas relacionales que —a manera de tareas propias de la adolescencia— contribuyen en la construcción de procesos claves para el desarrollo, entre los que se encuentran la autonomía, la identidad y la sexualidad. Para ello, los adolescentes forman grupos de pares en los que se diferencian, empatizan, hermanan, rivalizan, enfrentan o atacan; de tal manera que sus vínculos rebasan las fronteras del salón de clases e inclusive de la escuela. Estos grupos de pares son espacios de lucha por su libertad en los que ponen en práctica los recursos y las habilidades adquiridas.

Cuando el adolescente no logra contender con las vicisitudes de la convivencia, se obstaculiza la posibilidad de anudar el sentido de continuidad y de coherencia entre el pasado, el presente y el futuro.

Si el adolescente no desarrolla un sentido de pertenencia, por ejemplo, en la escuela, en el club, en su equipo deportivo, y no se siente parte de un pasado ni de un futuro común, entonces se torna difícil la comprensión y la integración de él mismo en un proyecto colectivo.

En los procesos de socialización los adolescentes se encuentran a partir de una manera tribal de compartir la emoción a través del juego, la seducción, la cercanía y el contacto físico, la erotización, la recreación, la aventura, los excesos festivos, "el desmadre"; de platicar, gozar, llorar, estar, trabajar en equipo, apoyar, compartir el tiempo libre, burlarse, poner apodos, victimizarse, rechazar, llevarse pesado, molestar, pelear, "bulear" o echar bronca, entre otros.

El grupo de amigos otorga múltiples variables relacionales y diversos referentes para construir modelos de identificación en los que, a partir de los otros, tienen la posibilidad de reconocer en ellos mismos su propia experiencia, su propia manera de vincularse. Por medio de la socialización los adolescentes pueden pensar sobre sus experiencias con base en cómo se vinculan, cómo se miran, cómo son mirados y cómo desearían ser mirados.

Los adolescentes dicen: "De un amigo espero todo"; "En el grupo de amigos nos divertimos, platicamos y nos escuchamos, compartimos, echamos relajo..." En este sentido, el grupo de amigos se vuelve muy importante; casi se podría plantear que en la mayoría de los casos el grupo se convierte en el centro de la vida del adolescente.

Es importante recordar que el grupo de amigos en la adolescencia cumple con tareas muy importantes para el desarrollo: los amigos tienen la función de sostener al joven en el proceso de desligarse de los padres, de la familia y de dejar atrás la infancia.

En el grupo, los adolescentes se buscan a sí mismos y se encuentra en los otros; los amigos realizan la función de un espejo en el que se reconocen y se reafirman mientras buscan una razón de ser, algo que les dé sentido, un ideal del Yo, pero también una sensación de seguridad que tranquilice su inquietud, su incertidumbre, su soledad, su ansiedad interior, y le devuelva el sentimiento de estar conectado. En este sentido, es importante subrayar que cuanto más frágil e indefenso se siente el adolescente, tanto más se buscará en los otros e intentará fundirse e identificarse con ellos, a costa de renunciar a los propios principios e incluso a su propia estructura.

El grupo de amigos es una fuente de afecto, de simpatía, de entendimiento y de orientación; con los amigos se construyen espacios para experimentar, para lograr autonomía e independencia de los papás y de los maestros.

El grupo de amigos es un espacio para establecer relaciones cercanas o íntimas, pero también para desarrollar normas, códigos y valores que influyen en la construcción de su identidad. De hecho, los adolescentes en un grupo de amigos se toleran más, se muestran menos irritables, pelean con menos agresión, apaciguan y resuelven los conflictos de un modo más equilibrado, quizá porque intuyen que demasiados conflictos podrían costarles la exclusión o el rechazo del grupo. Pareciera que la "libertad" de expresar con pasión el enojo y la furia sólo se da en el ámbito familiar, porque ahí no se corre el riesgo de perder a los padres o a los hermanos, como sí sucede con los amigos.

Aunque puede suponerse que el insertarse y permanecer en el grupo de amigos es una maniobra opcional y voluntaria, se puede decir que se trata de un complejo proceso de identificaciones, interacciones y construcción de equilibrios precarios entre el adentro y el afuera del grupo, así como entre las diferencias y las semejanzas: las concretas y tangibles, y las subjetivas y de naturaleza inconsciente.

Por lo general, el grupo de amigos impulsa a los adolescentes a una continua superación, porque encuentran con esos amigos las condiciones óptimas para poner a prueba sus verdaderas posibilidades, sus límites, su habilidad para vencer nuevos obstáculos, para probarse y mostrar al mundo que ya se es grande y que se es digno de ser considerado un adulto, no nada más por sus propios amigos, sino también por sus padres.

Con este fin, el adolescente se apoya en el grupo en el que unos y otros se sienten fuertes e independientes, y construyen la percepción de que no hay nada que no puedan lograr en grupo; incluso juegan con la sensación de que no hay quien los pueda detener cuando se proponen algo.

De ahí se deriva una de las variables más importantes que dan cuenta de la inclinación de los adolescente por las conductas de riesgo psicosocial en grupo; de hecho, su incursión en conductas de riesgo a través de actos temerarios se desarrolla en la medida en que el adolescente es menos seguro de sí mismo y quiere dar la impresión de que ya es un adulto, cuando en realidad no lo es; en estos casos se utiliza la omnipotencia como mecanismo grupal compensatorio para derrotar el miedo; los adolescentes se revisten con la coraza de omnipotencia y ponen en práctica acciones temerarias que comprometen su integridad física y emocional, o la de los demás.

En este sentido, se mostrarán fuertes e intrépidos, se quedarán con la idea de que nada malo les podrá suceder porque están revestidos de protecciones especiales; por estas razones es que socialmente se juega con el concepto de que cuatro son las ies que definen el sentir de los adolescentes en grupo: la idea de que son *inmortales*, *infértiles*, *invencibles* e *inmunes*. Con eso encubren su fragilidad, sus dudas y sus inseguridades, en particular las que se encuentran reprimidas, es decir, las que no pueden identificar de manera consciente.

Uno de los problemas de la pertenencia grupal radica en el hecho de que la naturaleza del grupo sea muy cerrada o absorbente, o, en su defecto, un único punto de referencia; pero si se trata de un grupo flexible, o si el adolescente participa en varios grupos su influencia será enriquecedora ya que contribuirá al intercambio de experiencias, al equilibrio emocional, al desarrollo de habilidades sociales; a aprender a defender el propio punto de vista, a desplegar intereses, entre un sinfín de beneficios.

Los grupos de amigos, sin importar su tamaño, pueden ser mixtos o de un solo sexo, flexibles, abiertos a la libre expresión y a la espontaneidad, o cerrados, restrictivos y rigurosos en sus normas y requisitos. Lo cierto es que, tengan la estructura que tengan, los adolescentes involucran sus afectos y su intimidad emocional en éstos. En síntesis, estos procesos proporcionan a los adolescentes —a partir de las dinámicas de aceptación, inclusión, rechazo o exclusión entre pares— el fortalecimiento, el equilibrio o el debilitamiento de los siguientes aspectos:

1) La construcción de redes de contención afectiva.
2) La posibilidad de encontrar la riqueza y la diversidad que proporciona conocer el mundo más allá de la familia.
3) Los referentes para incursionar en los procesos de autoconocimiento.

4) La capacidad para desarrollar gustos, intereses y habilidades propias.

5) La constitución del sentido de cohesión y pertenencia a través de los procesos de identificación.

6) La construcción del concepto de sí mismo y de la identidad del Yo.

7) El desarrollo de las funciones de autocuidado.

8) El desarrollo de las habilidades sociales.

9) La posibilidad de diferenciarse del mundo adulto y construir ideas, pensamientos, valores y acciones propias.

10) El enriquecimiento de la interacción más allá de las diferencias de género.

11) La capacidad para comunicar lo que se piensa, se siente o se necesita, teniendo en cuenta los derechos, los valores y los sentimientos de los otros.

12) La capacidad para tender puentes hacia espacios diferentes al propio.

13) La posibilidad para imaginar y sentir cómo es el mundo desde la perspectiva de otra persona.

14) La construcción de relaciones interpersonales significativas.

15) La capacidad para el manejo de problemas y conflictos.

16) El desarrollo del pensamiento creativo y del pensamiento crítico.

17) Las habilidades para poder participar, cooperar y construir sentido de comunidad.

18) La capacidad de imaginar con otros una visión constructiva del futuro.

Los códigos de amistad entre amigos
y por qué los padres no los comprendemos

Con el fin de comprender la manera en que los adolescentes construyen las reglas del grupo de amigos, es importante señalar que cuando se escucha el término *anomia social* no se plantea la ausencia de normas sino la pérdida del significado de estas normas. Se habla de la ausencia del sentido de la ley, de una falta que generalmente se hace presente en periodos de transición, como es la adolescencia, porque los modelos de la infancia son abandonados sin que uno nuevo haya logrado sustituirlo de manera significativa; este proceso genera una crisis que desarticula la armonía de la convivencia y produce desajustes y movimientos incluso de naturaleza violenta que dejan a muchos adolescentes sin soporte emocional y que deriva en que se sientan perdidos, desorientados, y sin referencias. Para eso, los adolescentes construyen sus propias leyes grupales, sus normas y sus valores, aunque a algunos papás resulten incomprensibles o inclusive repugnantes.

Los problemas en el ámbito de la convivencia entre los adolescentes se expresan en las siguientes circunstancias:

- Cuando se enfrentan a la ambigüedad o a las contradicciones de las figuras de autoridad: "Mis papás no se ponen de acuerdo; ellos son los primeros que rompen las reglas".
- Cuando hay falta de una normatividad clara, pertinente y razonable.
- Cuando los procesos de socialización se rigen bajo las propias normas grupales de los adolescentes, de

84

las que buscan obtener, eliminar o reafirmar una posición o un papel en el seno del grupo de pares y, a menudo, lograr cierto prestigio o popularidad, mientras que los papás intentan controlarlos y sancionarlos —en especial las de carácter sexual y violento—. Así, los adolescentes actúan ante las diversas exigencias de la autoridad paterna, pero también de los pares, y van definiendo sus posiciones.

Por lo general, y de manera natural, los adolescentes se incluyen, se adaptan, construyen normas y códigos de convivencia. Necesitan pertenecer a un grupo en el que se sientan queridos y protegidos; para ello crean lazos de fidelidad y de lealtad aunque éstos los limiten y hagan sufrir. Los adolescentes son fieles a los códigos y a las normas del clan por miedo a la expulsión, aunque los conduzcan a la insatisfacción, los coloquen en situación de peligro, o los lleven a actuar en contra de sus valores o de su propia naturaleza.

Los adolescentes pertenecen al grupo de pares casi de manera instintiva; entre ellos, este impulso queda más claro, ya que el hecho de no coincidir, de no participar, de alejarse del grupo, supone el peligro de ser excluido o atacado por otros: ése es un riesgo demasiado grande para no seguir la voluntad y el designio del grupo.

Los vínculos entre adolescentes a menudo van más allá de lo que ellos son conscientes, ya que se construyen en una dimensión de interacciones inconscientes que unifican y solidarizan al grupo. Esta dimensión agrupa principalmente necesidades, expectativas, exigencias y límites grupales, así como pensamientos, sentimientos y emociones de sus integrantes. Estos vínculos en ocasiones generan conductas de resistencia y de franco desafío al papel y a las reglas de los padres.

En los mundos figurados dentro de los cuales se construye la identidad de género, hombres y mujeres se relacionan en formas restringidas dictadas por modelos tradicionales. En grupos de un mismo sexo, se vigilan constantemente unos a otros en el cumplimiento de las normas que guían su comportamiento. Esta vigilancia resguarda la regulación y la autorregulación de la conducta con diferentes normas para chicos y chicas, pero siempre en los parámetros aceptados entre pares.

En el caso de los adolescentes varones, su conducta debe aparecer —a los ojos de sus pares masculinos— dentro de linderos de la masculinidad tradicional. En el caso de las chicas, no sólo basta un comportamiento considerado femenino para el criterio del grupo de pares del mismo sexo. Además, cada una debe probar al grupo que "es una chica decente y no una zorra".

Esta preocupación masculina y femenina por mostrar la conducta correcta es de especial importancia cuando existe atracción y, en caso de los momentos de rechazo, puede ser el motivo subyacente para éste. Al seguir los modelos tradicionales de conducta para cada sexo, unos y otras tratan de manifestar ante el sexo opuesto los atributos que les han sido socialmente asignados, siendo motivo de crítica el hecho de que alguien se desvíe de lo establecido y socialmente aceptado para su edad y su sexo.

Por lo general, las chicas presentan un mayor avance en el desarrollo interpersonal que los chicos; se trata de formas de socialización más centradas en la expresividad, el afecto y la vinculación; mientras que la socialización de los chicos está más centrada en la autonomía, la instrumentalización y la independencia.

Lo que sin duda es muy importante es que el apoyo familiar se plantea como un importante recurso social para el adolescente; de esta manera, el tipo de vínculo establecido con los padres influye en el modelo y la calidad de las relaciones de amistad que el hijo establece con sus amigos.

Sin embargo, ésta no es la única garantía; por ejemplo, un adolescente podría haber desarrollado una relación con sus padres caracterizada por el apoyo durante la infancia y la niñez, lo cual lo dotaría de los recursos necesarios para desarrollar también relaciones satisfactorias con sus amigos; al tiempo que este adolescente podría percibir que sus padres no están modificando la estructura y la organización del sistema familiar para concederle una mayor autonomía y participación en la toma de decisiones familiares. Esto lo llevaría a tratar de compensar esta percepción de falta de apoyo familiar, centrándose más en el grupo de amigos.

En síntesis, el adolescente necesita encontrar un lugar en la esfera social que le permita marcar una diferencia entre sí y el mundo de los niños y los adultos; en este sentido, los jóvenes desarrollan prácticas sociales basadas en la necesidad de crear vías alternativas distintas a la niñez y a la adultez.

Los adolescentes deben separar sus identidades de lo que ellos consideran el mundo de los adultos, por lo que construyen un sistema de valores contra aquellos que les tratan de imponer, aunque al mismo tiempo hay aspectos del mundo adulto que los seducen.

La autoestima y la tendencia grupal

La autoestima tradicionalmente se ha considerado como la evaluación positiva o negativa del Yo; Rossenberg[32] definió la autoestima personal como los sentimientos de valía personal y de respeto a sí mismo. Sin embargo, en fecha reciente se ha incorporado al concepto la pertenencia a grupos (autoestima colectiva). La vida del individuo transcurre íntimamente ligada a la pertenencia de grupos que contribuyen a la socialización.[33]

La *autoestima personal* se centra en autoevaluaciones tanto del ambiente privado (valores, metas, ideas, emociones, etcétera) como del interpersonal (atractivo, reputación o popularidad). Mientras que la *identidad social* se refiere al modo en que las personas consideran a los grupos a los que pertenecen, la *autoestima colectiva* se refiere a la evaluación que hace el propio individuo y la percepción de la evaluación que hacen otros de esos grupos.[34] La *teoría de la identidad social*[35] sugiere que existe relación entre la autoestima personal y la autoestima colectiva en la medida en que ambas forman parte del *autoconcepto*.[36]

No es raro que el adolescente muchas veces sienta: "Pertenezco —a tal grupo, clan o moda— y luego existo", y que es esa pertenencia lo que refuerza su autoestima, aunque al adulto le parezca absurdo. Actuar en "manada", hacer lo que todos hacen, ir a donde todos van y no perderse nada de lo que acontece en el mundo adolescente puede terminar siendo, para el joven, de una importancia vital, pero también puede desencadenar mucha angustia y hacer que se sienta perdido.

A partir del análisis realizado en la sociedad estadounidense, se destacó un individualismo extremo, un importante desarraigo social y una sensación de desamparo vital. Dicha sociedad expresa la sensación de anonimato y la ausencia de sentimientos de reciprocidad, de mutualidad y de pertenencia social, lo que ha sido llamado el "sentido psicológico de comunidad" considerado como la fuerza más destructiva de las sociedades occidentales avanzadas.[37]

La participación en grupos o en una comunidad tiene efectos positivos como los sentimientos de bienestar, de potencia y de utilidad, claramente diferenciados de la apatía y la indiferencia de ser sólo una persona pasiva y marginada. Existe una relación positiva entre ambos tipos de autoestima (la personal y la colectiva), y ambas forman parte del autoconcepto.

Por otro lado, el vínculo con otros adolescentes impone un trabajo a la mente del chico, como la creación de trabajos comunes, actividades de producción, lo que sólo es posible si se logra valorar un "nosotros" fuera de la familia. Este "nosotros" da una sensación de libertad y se convierte en la motivación del establecimiento de espacios sociales, como verdaderas plataformas para la actividad con sentido, afecto y principios, acción que se diferencia de la actuación vana y sin sentido.[38]

De la misma forma, el grupo de compañeros provee un valor de referencia, una ideología compartida, que permiten identificaciones externas a lo familiar y proveen contención a la ansiedad individual. Asimismo, el grupo permite expresar la ansiedad común mediante diferentes actividades recreativas, académicas y deportivas. El grupo de adolescentes constituye el mecanismo defensivo más importante, porque a través de la actuación grupal el joven se atreve a hacer lo que solo no haría. Es el grupo, finalmente, el que definirá en forma importante las decisiones que en el futuro van a marcar al joven, y muchas veces esta influencia induce a que éste tome aquellas equivocadas, y que no necesariamente comulguen con sus propias ideas, deseos o capacidades.

Luis, 16 años

Hay un grupo de amigos de la escuela que son muy divertidos; se la pasan muy bien pues por la tardes se reúnen, y los fines de semana van en "bola" a las fiestas; uno de ellos me ha invitado algunas veces a sus reuniones y de veras me muero de ganas de ir, pero hay algo que no me gusta: hacen cosas que a veces no me parecen, como tomar cervezas fuera de la escuela y emborracharse desde la tarde. Yo sé que para ser parte del grupo tengo que "estar en onda", pero algo me da miedo, quizá a mis papás. Quisiera estar con ellos, pero me sería muy difícil decir no...

Los amores

Como ya se ha comentado, la adolescencia es una etapa en que se reconoce la genitalidad adulta y se va dejando atrás el cuerpo y la identidad infantil. Por eso el joven comenzará a buscar pareja de forma intensa. Cuando logra elaborar el duelo por el cuerpo infantil perdido, la aceptación de la sexualidad surge con fuerza, lo que se suma al proceso fisiológico y a la curiosidad sexual. Al encontrar una nueva figura de amor del sexo opuesto, toda la energía libidinal se vuelca hacia ésta, y se intenta resolver los conflictos adolescentes al desidealizar a los papás y al rebelarse en contra de sus restricciones y sus prohibiciones. En esta búsqueda de sentirse completo mediante la ilusión y la idealización, los amores llegan para llenar el vacío y colman al adolescente. Suelen durar un instante pero tienen la fuerza inconmensurable de la pasión más absoluta. Se supondrán eternos y dignos de valer la vida entera. Es un estado de fusión y mutua proyección de los ideales, donde cada separación implica casi un desgarro. Y el sexo... apasionado y sin soportes como descubrimiento de sí mismo.[39] Como un maravilloso ejemplo de este proceso adolescente es necesario ver la película *Romeo y Julieta* de Franco Zeffirelli (1968) o, más recientemente, *Las ventajas de ser invisible* de Stephen Chbosky (2012).

Es precisamente por estas razones que observamos distintas conductas anormales en relación con el amor adolescente. Algunos padres se quejan de que sus hijos se "adhieren" a sus parejas y no muestran interés por nada más en el mundo, aislándose completamente del entorno. Otros sentirán que sus hijos tienen "corazón de condominio" y se enamoran de todo aquel que les pase enfrente, ahora sí que "con quien conteste". Vemos fenómenos de promiscuidad en adolescentes que buscan aceptación o cariño mediante distintas actividades sexuales, tratando de tapar el hueco que dejan los padres. El enamoramiento y el sexo también son formas de mitigar la angustia adolescente. Siempre es importante vigilar las conductas misóginas tanto de los muchachos como de las muchachas, quienes también pueden ser despectivas con las otras mujeres.

Sobra decir que este amor descomunal que viven los adolescentes lleva a la fantasía de que el embarazo puede representar su unión eterna y la salvación de la pareja frente a la ruda oposición parental. Ahí habremos de tener especial cuidado.

Sigmund Freud[40] menciona que en el varón el impulso sexual aparece en la adolescencia temprana y pugna por gratificación, con urgencia de descarga; todo esto cuando el varón aún está ligado psicológicamente a sus padres. Al dejar la inocencia, la cercanía con los padres se le hace peligrosa por el riesgo de los deseos, incestuosos y prohibidos, hacia las mujeres de la familia, y por eso utiliza como mecanismo de defensa la división. Por eso se da una partición entre los sentimientos "sublimes" que experimenta el joven enamorado y que alternan, en progresión y regresión, con imágenes de los padres, de compañeros del grupo de adolescentes y de la nueva figura amorosa. Las mujeres adolescentes atraviesan por la misma división que el varón, pero pueden reprimirla con más éxito que el hombre.[41]

Gerardo, 15 años

Laura es la mujer de mis sueños; es dos años mayor que yo y apenas me atrevo a cruzar palabra con ella.

No me puedo concentrar en nada; ocupa todo mi pensamiento. Planeo mil veces cómo acercarme a ella, pero en el momento de la verdad me quedo paralizado.

Me imagino TODO con ella. Mis amigos me hacen burla, pues con el resto de las demás chavas no tengo dificultad; al contrario, pero algo me pasa con Laura. Imagino que no he de ser su "tipo" y me siento terriblemente sacado de onda. No quiero ni que me la mencionen pues en ese momento algo me pasa, no me puedo controlar.

No puedo dar ni medio paso. Esto es absurdo ¿cómo puedo sentirme estúpido ante la persona más importante de mi vida?...

Autonomía

El término *autonomía* suele tener muchos significados. El griego *autonomia* denota la autorregulación y su etimología proviene de la raíz latina *autos,* que quiere decir "por sí mismo", y *nomos,* que significa "ley", por lo que una entidad autónoma se gobierna por sus propias leyes.[42]

La autonomía muchas veces ha funcionado como un ideal, un sueño por alcanzar, una necesidad humana o una metáfora. La identidad juega un papel preponderante en la construcción de la autonomía; implica dejar las fantasías, dejar de acudir a mandatos e imposiciones, logrando que el adolescente se responsabilice de sus actos. De alguna manera, implica transcribir la historia personal y formular las experiencias dándoles un sentido autónomo.[43]

Así es que el individuo autónomo está comprometido con un proceso dinámico de entretejer un autorretrato con un plan de vida que en su conjunto le proporcione una personalidad integrada. Para lograr la autonomía resulta indispensable tener la disposición para consultarse a uno mismo, la capacidad de diferenciar las respuestas autorreferenciales, como la de las creencias, los valores y los objetivos independientes. Y también la capacidad de tener conductas congruentes con uno mismo. Es importante que el chico desarrolle un sentido seguro de su propia identidad y que actúe de acuerdo con ésta. Lo más importante es que el chico logre autogobernarse y no necesite de un policía externo que lo tenga que estar cuidando.

La autonomía denota un "tipo específico de independencia que comporta autodeterminación donde se siguen las reglas elegidas por la propia persona, cuando no elaboradas por ella misma".[44] De esta forma, el joven se autodetermina, se autodefine y se autoelige, pero dentro de un entorno gobernado por reglas.

La autonomía se compone de varias virtudes que caracterizan a la persona. La primera es la autoposesión, lo que implica no pertenecer a nadie más. La segunda es la individualidad como autoidentidad diferente, misma que no se define exhaustivamente frente al otro. Le sigue la autenticidad o autoselección en la que caben los gustos, las opiniones, los ideales, los objetivos y las preferencias. La cuarta es la autocreación o la autodeterminación. La quinta implica la autolegislación, y se refiere a las reglas que se han pactado o que se ha dado la persona autónoma. La sexta es la autenticidad moral, que se define porque los principios y las convicciones morales son propios y no heredados. La independencia moral es la séptima, y se vincula con la capacidad de estar libre de compromisos sociales que podrían influir en la integridad o la autofidelidad como la octava virtud; aquí la persona se muestra coherente y leal a sus principios personales. En la novena virtud figuran el autocontrol o la autodisciplina, donde el Yo está gobernado desde dentro y no por causas externas. La décima es la autoconfianza, y la undécima es la iniciativa o la autogeneración.[45]

Estas reflexiones conciben a una persona activa que comienza sus propias actividades o proyectos y se guía por una última virtud, la autorresponsabilidad, por la cual la persona se responsabiliza, además, de las consecuencias de sus actos.[46] Lo anterior implica aumentar la capacidad del adolescente para influir en el entorno y en la autoconfianza para hacerse una percepción sobre sí mismo que permita controlar los propios recursos. Con esto logrará encontrarse con él mismo para construir y reconstruir la realidad, así como para reflexionar la propia vida.

En última instancia, la autonomía, es un recurso para establecer límites que garanticen la integridad de las personas frente a la incursión de otros. Keller afirma que la autonomía "se desarrolla no simplemente a partir de la experiencia de la competencia, de ser capaz de afectar a los otros y al propio entorno de forma satisfactoria, sino también, y de forma esencial, a partir de la experiencia de continuidad y reciprocidad de sentimientos..."[47] Esta definición implica un asunto dinámico y relacional de la autonomía, en que se inscribe el tema de los otros, poniendo a ésta en un plano de relación con los demás, en el que al mismo tiempo se distinguen de otras y de otros, y donde se comparte con el sí mismo las bases culturales que teje el campo de la intersubjetividad.

A la vez, implica un proceso de individualización que trae hacerse responsable de la propia vida, cargando ese peso sobre los propios hombros.[48] Anteriormente las instituciones (léase las escuelas) se encargaban de resolver diversas cuestiones, pero en tiempos actuales el individualismo trae consigo el imperativo de la responsabilidad. Ésta, en un sentido negativo, es uno de los costos que hay que pagar por la emancipación, por la libertad y por la autonomía, aunque tiene más ventajas que desventajas. La autonomía implica responsabilizarse de las elecciones personales y de las contraídas con los demás miembros de una comunidad. Cuando se siguen los propios intereses es posible cumplir con los deberes que surgen de las actividades elegidas por la persona, y hacer de ello una experiencia satisfactoria.

De esta forma, ocuparse de la autoconstitución de la historia individual y de la creación de vínculos sociales hace a la autonomía más efectiva como parte de procesos sociales de reciprocidad. Implica hacerse responsable de cumplir con los compromisos contraídos, pero sin desatender la propia conformación como sujeto integral.

Autonomía vs. dependencia

En el adolescente está presente un interjuego entre la autonomía y la dependencia. La dificultad para resolver la dependencia le generará acciones adictivas y compulsivas.

El adolescente se encuentra ambivalente entre la dependencia y la independencia de su núcleo familiar. Desea ser independiente, pero cuando logra soltarse del constreñimiento parental y obtener cierta autonomía, no sabe qué hacer con ésta y busca violentar al medio para generar que los padres vuelvan a limitarlo y regresarlo al estado anterior. Como el cangrejo: un par de pasitos para adelante y... Es curioso ver cómo, cuando un adolescente se enfrenta a un nuevo reto que le confiera libertad y autonomía —por ejemplo irse a vivir a otra ciudad, o hacer un viaje solo, etcétera—, se sabotea realizando un acto inapropiado o riesgoso frente a sus padres, como embriagarse o no llegar a la hora acordada a casa. Esto espantará a los papás, pues pensarán que su hijo aún no está listo para lidiar con responsabilidad su nueva libertad. Y es que así se siente el hijo: espantado, atemorizado, ansioso. Necesita obtener seguridad y el respaldo de sus padres para volver a emprender la tarea.

Ser dependiente es una necesidad vital para el ser humano, no sólo en la infancia, sino en todas las fases y en distintos procesos vitales. El adolescente, con frecuencia, se ilusiona con una omnipotencia imaginaria que le permite pensar que domina el mundo entero. En la desilusión de esta omnipotencia se va percatando de que es precisamente esta pertenencia al mundo lo que le permite constituirse como un ser humano.[49] Esta necesidad vital, la de la dependencia, deberá ser librada, al menos en parte, para no caer en las adicciones. La dependencia originaria, la del bebé lactante que se aferra al pecho materno, sería una adicción "natural", una experiencia indispensable en el desarrollo.

Así, la vida es un camino largo que va desde la dependencia a la renuncia de las figuras primarias de dependencia, para lograr el desapego de la infancia. No obstante, las necesidades básicas presentan obstáculos continuamente a este camino, pues demandan la satisfacción de necesidades que fueron satisfechas en la infancia y que así forzaron al chico, desde siempre, a servir a sus figuras primarias (padre y madre). Resulta, pues, que hemos quedado para siempre anclados a nuestra vida infantil gracias a las satisfacciones y las frustraciones que en ésta se dieron.

Depender, dice el psicoanalista francés Marty,[50] es literalmente "pender de", lo cual significa "engancharse" (*hang* en inglés; *hangen* en alemán) en este juego de un sujeto que pende y otro del que se prende.

La persona que aparenta ser una unidad autónoma, en realidad nunca es independiente del medio, aunque en la madurez puede sentirse libre e independiente, contribuyendo a su felicidad y a la sensación de una identidad personal. La clara separación del Yo y el no Yo se vuelve borrosa.[51]

Para salir de la dependencia es necesario que el adolescente haya podido vivir ese momento de dependencia y haberse dejado cuidar e influir por el otro. Implica poder deshacerse de la omnipotencia narcisista y alterarse a sí mismo, para finalmente poder transformarse. No sólo significa usar a sus figuras de referencia, sino también entretejer la historia que entabla toda persona con los demás; más aún con sus figuras internalizadas, al punto de no poder pensar en uno sin el otro.

A veces la relación del lactante con su madre es de suma dependencia, y la palabra *esclavitud* puede explicar mejor ésta, pues nos remite etimológicamente al término de *adicción* (adicción = esclavitud). Esta dependencia extrema no se resuelve progresivamente. Y la madre no es internalizada como una figura solícita, sino que debe ser "buscada" en el mundo externo de manera compulsiva, como objeto adictivo y sustituto del primero.

Los objetos adictivos no crean un cambio duradero en la estructuración psicológica y deben ser buscados incesantemente en el mundo exterior, como sustitutos de la madre. Joyce McDougall[52] llama a los objetos adictivos "objetos transitorios patológicos", y utiliza la palabra *transitorios* para distinguirlos de los objetos transicionales que plantea Winnicott[53] y que representan la fuerza tranquilizadora de la madre en vías de ser internalizada, como un escenario a medio camino entre la madre interna y la externa. Es como la cobijita que el bebé toma para sentir seguridad y fuerza en lo que logra sentirse seguro él mismo, sin necesidad de su madre ni de su sustituto: la cobijita.

En su libro *Teatros de la mente,* Joyce McDougall[54] habla de un modo particular de hacer a un lado el dolor y el conflicto mental, expulsándolos de la conciencia para que puedan buscar una solución en otra parte. El escenario externo en el que se presentan tales producciones psicológicas es lo que ha llamado *teatro transicional*. En este teatro transicional se incluyen todas aquellas acciones cuyo fin principal es descargar el dolor a través de la actividad constante; y por lo tanto la economía psicológica queda dominada por compromisos adictivos de diferentes tipos.

La dificultad para resolver la dependencia primaria generará en el adolescente acciones adictivas y compulsivas en un intento por lidiar con una inadecuada identificación con las figuras primarias de la infancia. El "hueco" deberá ser colmado de forma compulsiva mediante la comida, las drogas, las actividades peligrosas, el sexo, etcétera.

Por ejemplo, en el caso del abuso de la marihuana, lo que está en el centro de la dependencia es la dificultad para alucinar (imaginar) a la figura materna primaria y su efecto tranquilizador, recrearlo desde el mundo interno, por lo que se recurre a la *cannabis* para poder hacerlo. La capacidad creativa ayudaría a restaurar esta figura; encontrar el acceso mediante el uso del alucinógeno. Así, el objeto tóxico (la marihuana) vuelve posible esta creatividad, restaurando la capacidad de soñar;[55] al menos está allí la esperanza de ciertos adolescentes que parecen no tener acceso, solos, al interior de ellos, a esta capacidad. Con el objeto tóxico encuentran el acceso, pero cuando la experiencia finaliza, la capacidad se pierde.

El adolescente busca la sensación alucinógena a falta de poder encontrar sentido, como si fuera dependiente de sus reencuentros con la capacidad creativa que ofrece a veces la *cannabis*. La alucinación psicológica sería el medio para interiorizar estos afectos.

Se retorna compulsivamente al objeto tóxico porque el hueco de la ausencia de euforia necesita ser llenado; la búsqueda de la intensidad perdida debe retomar su camino para evitar la angustia. Y de ahí surge una repetición compulsiva de "más de lo mismo". La capacidad de deprimirse no es tolerable para el adolescente y a toda costa debe evitarse mediante el acto compulsivo. La depresión, cuando es tolerable, permite superar la ausencia de figuras pacificadoras y portadoras de satisfacción, de simbolizar su ausencia. En las experiencias toxicomaniacas, la ausencia no es aceptada, pues lo que aparece es la falta total y no sólo la ausencia momentánea. Así, con el uso de la marihuana, el adolescente logra encontrar, por medio de la alucinación, la capacidad de fantasear la figura ausente.

Autonomía vs. individualismo y aislamiento

Para Silvia Radosh[56] es importante diferenciar *autonomía* de *individualismo*. Nuestras vidas no se dan sin el otro y requerimos de los demás a lo largo de nuestra existencia. Tan es así que al nacer no podríamos continuar viviendo sin el auxilio ajeno. No obstante, nuestro narcisismo (y sobre todo la omnipotencia del adolescente) provoca que queramos pretender que no necesitamos de nadie más. Este convencimiento genera sentimientos de soledad y de aislamiento, que se combinan con la situación tecnológica actual en la que se pretende romper el cerco de la soledad mediante redes sociales virtuales como Facebook. Los nuevos vínculos virtuales no sustituyen los vínculos genuinos, de carne y hueso, sino que sólo complementan la fantasía omnipotente de estar en todas partes todo el tiempo, evadiendo la exclusión y el rechazo. Quizás estamos frente a un fenómeno de empobrecimiento de las relaciones humanas, pues incluso se llega al colmo de sustituir la relación sexual real por la virtual, hecho que puede hacernos *creer* que somos "independientes y autónomos".[57]

El "necesitar de alguien" golpea al narcisismo en cuanto muestra cabalmente que no somos seres *completos*, que somos seres en y con *falta*, y que sin esta falta no seríamos sujetos de deseo, no desearíamos.[58]

Así aparece que sí necesitamos de los otros pero que no debemos sujetarnos al imperio del otro, por lo que una cosa es el individualismo narcisista y otro es la autonomía. Puedo amar al otro pero debo respetar sus diferencias y exigir el respeto a las mías.

El asunto es poder ser autónomos compartiendo con los otros sin que la relación tenga que pasar por el sometimiento. Así que sí son de otro orden estos tres conceptos (*autonomía*, *individualismo* y *aislamiento*) y es menester diferenciarlos.[59]

Castoriadis[60] propone que el proceso de devenir autónomo aparece en los sueños, en las enfermedades psíquicas, en la transgresión y en el amor, pero también aparece lentamente en los actos y las representaciones sociales. Esto significa que se puede luchar por la autonomía, pues nuestra psicología tiene esta capacidad y, por lo tanto, la autonomía es un proyecto de vida, realizable día con día.

Participación

La confusión permea la vida del adolescente en cuanto a casi todas las áreas de su vida (su rol en la familia, en la sociedad, su identidad sexual, su cuerpo, la dirección de su vida, etcétera). El resultado es la ansiedad. Ante los cambios físicos, emocionales, psicológicos y de roles dentro de la familia y la sociedad, el adolescente se encuentra a merced de una ansiedad continua y tiene la necesidad de darle salida o controlarla, lo que puede ser aprovechado por el ámbito escolar que moviliza al joven y lo involucra en una labor en la que éste logrará la transformación de su entorno.

El ámbito escolar resulta fundamental para el adolescente porque le permite practicar la socialización con los pares y con las figuras de autoridad externas a la familia, lo que le provee un continente estable y con límites definidos, que también le permiten poner en práctica sus nuevas posibilidades intelectuales. La escuela le ayuda a actuar sobre su mundo y modificarlo bajo la acción de sus propias transformaciones. El adolescente se siente un individuo en proceso de cambio y capaz de lograr el cambio en su medio. Recordemos que es una edad crucial en la que el joven debe tomar una de las decisiones más importantes para su vida: la elección vocacional. La escuela fungirá entonces como una ventana al mundo.

Desea activamente lograr transformaciones a su alrededor que lo hagan sentirse parte de una sociedad que lo ha mantenido marginado. Desea identificarse con algún ideal que comprenda las inquietudes y la confusión que le generan el ingreso al mundo adulto. El ámbito escolar es vital para un adolescente que debe encontrar estabilidad y límites e identificarse con figuras de autoridad beneficiosas para él. Una escuela segura le permite practicar la socialización con sus compañeros y sus maestros, e intercambiar y cuestionar las ideas recién adquiridas en forma creativa, poniendo en práctica sus nuevas posibilidades intelectuales y reflexivas.

Que el joven pueda participar es crucial pues él está pasando por un momento de muchas transformaciones internas y desea encontrar un medio ambiente que no sea rígido y convencional, sobre el cual pueda ejercer su influencia y así sentir que es tomado en cuenta y que forma parte de "algo" (de un movimiento cultural, de un grupo de pares, de una acción social; en fin, de algo). Como ha sido mencionado, la escuela y los compañeros fungirán como continente a las ansiedades individuales para que éstas puedan ser dirigidas a un movimiento útil y propositivo y que generen la integración de la experiencia.

Lo principal es que la adolescencia implica crecimiento,[61] y éste requiere tiempo. Y mientras tiene lugar el crecimiento, la responsabilidad debe ser asumida por las figuras adultas. Si éstos abdican como figuras de autoridad, los adolescentes tienen que revestirse de una falsa madurez y pierden su principal ventaja: la libertad de concebir ideas y de actuar siguiendo sus impulsos.[62] El adulto debe estar ahí con sus límites para que el adolescente pueda rebotar sus ideas y sus acciones sin temor a resquebrajar el orden.

Es estimulante que la adolescencia esté activa y haga oír su voz, pero los esfuerzos adolescentes que hoy se hacen sentir en todo el mundo deben ser enfrentados y cobrar realidad gracias a un acto de oposición personal. Los adultos son necesarios para que los adolescentes tengan vida y vivacidad. Sin represalia, sin espíritu de venganza, pero con fuerza. Es saludable recordar que los jóvenes modifican la sociedad y enseñan a los adultos a ver el mundo de una manera nueva. Y es preciso que allí donde esté presente el desafío de un joven en crecimiento haya un adulto dispuesto a enfrentarlo, lo cual no resultará necesariamente agradable.[63]

Proyecto de vida

Sólo se puede ser autónomo si se cuenta con los recursos que conforman integralmente a un individuo en el sentido simbólico, cultural, emocional, económico y social.[64]

La autonomía implica la individuación y la capacidad para cuidarse a sí mismo, y el nivel más alto de autonomía es el de la determinación del proyecto de vida, un proyecto de vida PROPIO.[65]

Para alcanzar una autonomía más plena los sujetos deben tener proyectos propios; de otra manera estarían sujetos a los proyectos y al actuar de otros para tener un sentido de pertenencia, de pertenecer a "algo", aunque ese algo esté guiado por otros y no por ellos mismos, lo que finalmente les generará una sensación de vacío. La idea de autonomía frente al posicionamiento de los sujetos en el entramado social propicia que los jóvenes creen por y para ellos mismos un plan de vida guiado por la autodeterminación del proyecto de vida. El proyecto de vida se elige entre las trayectorias por donde pasarán las elecciones personales del curso de vida. Implica un continuo cuestionar el ideal social para replantearse una nueva idea de ser. Para ello resulta fundamental la construcción de la propia identidad y la autoafirmación, pensarse como agentes activos que se posicionan frente al orden social a partir de la creación de su propia vida.[66]

Diferencias entre los géneros

Como ya hemos explicado, en la adolescencia se va configurando la identidad y se define la personalidad en el marco de una serie de cambios físicos notorios que no admiten demora alguna. Según investigaciones realizadas con adolescentes, se puede apreciar que los hombres aceptaron de mejor manera todos los cambios físicos a los que se enfrentaron en la pubertad, mientras que las mujeres se mostraron más renuentes a éstos y con menos aceptación de su físico. La explicación es que los cambios en la apariencia física de las mujeres es más notoria que en los hombres, por una parte; y, por otra, pareciera que en esta edad los hombres tienen una mejor aceptación de sí mismos y mayor estabilidad en su noción de sí mismos, en comparación con las mujeres.

Al continuar con la parte de la imagen física y su impacto en la identidad, la rapidez de los cambios físicos y las nuevas demandas sociales impactan al adolescente de manera que emergen las diferencias según géneros en condiciones como la depresión, la autoestima y la imagen corporal. Durante los años iniciales de la adolescencia, las mujeres comienzan a sentirse menos satisfechas con ellas mismas y con sus cuerpos, ya que la maduración puberal es más visible entre mujeres que entre varones. La imagen corporal es la representación mental del cuerpo, que se va gestando durante la niñez. Y es en la adolescencia donde resulta trascendental para el desarrollo psicosocial del individuo. La imagen corporal constituye una parte muy importante de la autoestima y de la autoimagen, especialmente en la etapa de la adolescencia. Es resultado de un proceso de análisis, valoración e integración de la propia experiencia y de la retroalimentación del grupo de pares, padres y profesores.

Tanto hombres como mujeres se encuentran igualmente satisfechos con el rol que les toca vivir, aunque cabe rescatar que los hombres sienten inconformidad ante el hecho de que no pueden expresarse libremente porque la sociedad no les permite mostrar vulnerabilidad, en tanto que las mujeres sienten que tienen menos oportunidades de sobresalir profesionalmente, aunque les gusta el hecho de que puedan acceder a la maternidad.

La tendencia es a retrasar la maternidad y la conformación de la familia, puesto que el desarrollo profesional va adquiriendo cada vez más importancia, lo cual sitúa a las mujeres en condiciones de mayor igualdad académica frente a los hombres. Lo anterior quizá se trate de la transformación social más importante de los últimos tiempos que ha impactado de manera directa sobre esta generación de jóvenes. Tal parece que estudiar y ascender profesionalmente son los principales proyectos de la gran mayoría de las mujeres encuestadas, con 72% de las preferencias, mientras que sólo 27% menciona preferir formar una familia o tener una pareja estable.[67]

Lo afectivo, que surge ante la proximidad de los adolescentes en las escuelas secundarias, produce un sentimiento de pertenencia y juega un papel importante, al permitir los procesos de identificación y de diferenciación de los *otros;* aunque para algunos adolescentes, la convivencia durante una parte importante del día dentro de las escuelas no logra crear lazos afectivos fuertes, y los compañeros no siempre se convierten en amigos. La amistad es importante porque en ella se encuentra compañía, comprensión, apoyo, ayuda, seguridad, confianza, cariño, diversión, motivación y diversos aprendizajes; sin embargo, son las mujeres adolescentes las que están más dispuestas a desarrollar relaciones de amistad dentro de la escuela que los hombres.

Al parecer en las mujeres hay un mayor impacto por parte de la moda, los medios de comunicación y la publicidad,[68] dándole una menor importancia al ámbito social como son valores, normas y creencias; por el contrario, los hombres se inclinan más a los aspectos sociales, a la cultura, la religión, los valores y las creencias, y dejan de lado la moda y los medios de comunicación.[69]

¿Qué conductas pueden considerarse normales y cuáles no durante la adolescencia?

- El adolescente tiende a exagerar las cosas que le pasan; sus experiencias generalmente las enaltece e idealiza, mostrándolas ante los demás como originales y grandiosas. La exageración es un aspecto característico de la adolescencia, pero no así las mentiras.

- Por lo general el adolescente pone a prueba las reglas, las normas y los límites de la familia y de las instituciones; los reta, pero cuando el fin mismo reside en el placer de quebrantarlas, estamos frente a una conducta anormal.

- El adolescente tiende a actuar más que a pensar; sin embargo, la presentación de cierto tipo de conductas impulsivas que ponen en riesgo su integridad moral o física, o la de otros, es señal de alarma.

- El adolescente generalmente lo desea todo con premura, necesitado muchas veces de una solución inmediata a sus peticiones; sin embargo, hay que prestar especial atención cuando se acentúa su incapacidad para tolerar frustraciones o para postergar la satisfacción de sus deseos o necesidades, más aun cuando la frustración lo torna violento, cruel o desconsiderado.

- Cuando el adolescente se retrae, se le ve ensimismado, se recluye en su hogar y no le interesa el trato con el grupo de pares, es una señal de alarma. Como lo hemos dicho: no hay nada peor que un adolescente en aislamiento.

- Se espera a menudo una baja en el rendimiento académico en relación con la trayectoria escolar del adolescente, pero el hecho de presentar problemas escolares de manera consistente, que lo llevan a abandonar sus estudios por motivos de rendimiento o de disciplina, es una señal de que algo anda mal.

- Todos los seres humanos sentimos temor en ciertos momentos de nuestra vida; sin embargo, un adolescente que empiece a presentar episodios de miedo irracional hacia un objeto o situación, que además lo paraliza o lleva a vivir momentos de intensa angustia, indica que algo lo está perturbando y lo hace sufrir.

- La presentación de conductas antisociales que lesionan a otros y lo conducen a cometer actos ilegales no son normales.

- Probar nuevas experiencias es algo que requiere un proceso y orillan a todo adolescente normal a correr ciertos riesgos; sin embargo, someterse a experiencias límite, sobre todo en lo que se refiere al abuso del alcohol y las drogas, es una señal de que algo marcha mal en el adolescente.

- En todo proceso adolescente —sobre todo en las etapas iniciales y media— se acentúa la inquietud por la apariencia personal y por el cuerpo; sin embargo, un exceso de preocupación que ponga al adolescente angustiado, así como un descuido importante por su cuerpo, su higiene y su apariencia, puede ser indicio de que hay un problema.

- La aparición de hábitos peculiares con respecto a la comida, como una abstinencia consistente y prolongada, o una actitud extraña frente a los alimentos o, en su defecto, el abuso de éstos, así como el aumento o la disminución considerable de peso, indican una franca señal de alarma.

• Hay que estar al pendiente cuando aparece una marcada inclinación por aspectos religiosos y filosóficos, que lleven al adolescente a aislarse de su medio, al extremo de asumir compromisos con ciertos grupos de tendencias radicales.

Los aspectos anteriores son importantes señales de alarma. Como padres debemos tener conciencia y pedir la ayuda de un especialista en el área de la salud mental, consultando y verificando que tenga credenciales apropiadas (de la Secretaría de Educación Pública) y que sea experto en adolescentes.

¿Por qué hay adolescentes tan difíciles?

Para pensar en los adolescentes difíciles —aunque por definición un adolescente sano y normal será siempre difícil— debemos partir de la base de que se están entrelazando continuamente elementos sociales, psicológicos y físicos. Así, por ejemplo, un ambiente inadecuado, caracterizado por la violencia, la anarquía o la falta de límites, o que en su defecto favorece el abuso de experiencias límite, puede conducir al joven a experiencias que exacerben la problemática a la cual está expuesto todo adolescente.

Hay que reconocer que los factores sociales y familiares tienen una importante influencia sobre las posibles dificultades del adolescente. Por ejemplo, la convivencia con un grupo de pares que incite al adolescente a actividades poco convenientes puede ser un factor que favorezca ciertos problemas; sin embargo, nunca hay que dejar de preguntarse ante un adolescente problemático por qué este joven ha elegido específicamente un grupo de amigos conflictivos, habiendo una gama tan amplia de jóvenes.

Quizá esto hable de la natural combinación de dos aspectos ante un mismo problema: los psicológicos y los sociales. Asimismo, un desarrollo corporal muy lento o acelerado, así como el desfase entre los aspectos psicológicos y lo corporales, pueden agudizar o favorecer el desencadenamiento de una adolescencia crítica.

Sin embargo, como se mencionó antes, la adolescencia es una segunda oportunidad para consolidar aspectos que quedaron pendientes durante la infancia. Un niño que ha sido sometido a experiencias dolorosas, que ha sufrido la carencia de afectos o de cuidados básicos, o que ha establecido vínculos consistentemente conflictivos con las personas más cercanas, en la adolescencia puede resignificar estas conflictivas o carencias a través de síntomas. No debemos olvidar que la problemática adolescente, aunque parezca paradójico, lleva en sí misma el objetivo de intentar resolver lo que ha quedado pendiente. Dentro de lo difícil que es criar a un hijo adolescente, debemos recordar que estamos ante un ser humano que está pasando por una gran cantidad de cambios y pérdidas. Y que eso se suma a la crisis y a la confusión.

¿Por qué hay adolescentes que se atoran más que otros?

El hecho de que un adolescente se quede atorado nos hace pensar que algún punto muy importante de la infancia no se ha podido resolver, y que, por lo tanto, se presenta como problemático en el aquí y en el ahora de su adolescencia. Para ser más explícitos, pensemos en el camino que todo ser humano tiene que recorrer, atravesando diferentes etapas, desde la infancia hasta la adolescencia, haciendo el símil con un ejército:

> Un ejército que tiene que avanzar para llegar a su objetivo debe contar con una buena dotación de víveres, de ropa adecuada, de hombres bien alimentados, sanos y dispuestos de armamento poderoso para salir victorioso de la misión; evidentemente en el camino va a tener que cruzar por un territorio enemigo. Si los embates de los enemigos son muy fuertes o rebasan la fuerza del ejército, éste va perdiendo elementos o va dejando tropas de ocupación en puntos importantes; en la medida en que avanza este ejército y va dejando atrás a parte importante de su tropa, sigue su marcha pero cada vez más debilitado. De esta manera, cuando este ejército sabe que va a tropezar con una fuerza enemiga demasiado poderosa, y que puede correr el riesgo de perder la batalla, retrocede a aquellos puntos en los que ha dejado sus tropas más poderosas, y por lo tanto se queda en un puesto que lo salvaguarda de los embates, a costo de no avanzar hacia su objetivo.[70]

Así, un joven que llega debilitado a la etapa de la adolescencia por los embates de la niñez (de tipo físico, psicológico o social) puede quedarse atorado en este punto, pues no cuenta con los elementos para continuar hacia la madurez.

111

Pongamos el ejemplo de Elsa, una chica de 17 años, hija de una madre soltera que tuvo que trabajar prácticamente desde que Elsa nació. Desde pequeña, la niña estuvo durante el día a cargo de las vecinas de su madre, quienes se turnaban para atenderla; sin embargo, a pesar de los importantes esfuerzos que hacía su madre por darle lo mejor, Elsa nunca sintió el calor de hogar. Los fines de semana la madre de Elsa estaba tan atareada en arreglar cuestiones relacionadas con el hogar que era muy poco el tiempo que pasaban juntas.

Desde siempre Elsa anheló tener un padre, y cuando tenía cinco años su madre contrajo matrimonio. Elsa lo resintió, pues ese nuevo padre le quitaba el amor que ella tanto necesitaba de su madre. Poco a poco, fue tornándose introvertida y huraña. Empezó con problemas en la escuela y tuvo que repetir dos años escolares durante la primaria. Para entonces era una niña solitaria que se comunicaba muy poco con la familia. En la escuela se sentía torpe e inepta, ya que cada vez que la maestra le preguntaba algo, a ella la invadía un miedo irracional que le impedía contestar.

Elsa solamente contaba con una amiga en quien confiaba plenamente, pero cuando pasaron a la secundaria la amiga se cambió de escuela e inició nuevas amistades, lo que Elsa vivió como una dolorosa traición.

A los 13 años empezó a embarnecer y a encontrar un refugio seguro y placentero a su necesidad de afecto y comprensión en la comida, compensando así sus necesidades emocionales con alimento.

Cuando Elsa llegó a la adolescencia propiamente dicha, era una joven obesa de 72 kilos, descuidada, con una voz chillona y aniñada, a la que no le interesaba pertenecer a ningún grupo de amigos, y con pocas probabilidades de participar de las actividades del resto de sus compañeros adolescentes.

Ella había adoptado una actitud hostil hacia el exterior, que evidentemente despertaba el rechazo de la gente hacia su persona, lo cual la hacía sentirse sola e incomprendida.

La madre de Elsa, preocupada por el estado de apatía de su hija, acudió en busca de ayuda profesional, y encontramos que la problemática de Elsa estaba directamente relacionada con algunos aspectos de su niñez.

Elsa habría requerido un vínculo más consistente con su madre, el cual no pudo consolidarse debido a las responsabilidades económicas que asumía ella. Algo en la relación con su madre había quedado pendiente, además de que no había un padre que ayudara a Elsa y a su madre a equilibrar la relación.

La satisfacción que había encontrado en la comida colmaba sus necesidades afectivas, que eran muy grandes. De hecho, para ella nada era más importante en el mundo que esto. Mientras Elsa no pudiera resolver los conflictos emocionales de su infancia, iba a ser muy difícil que lograra abocarse a resolver el resto de los puntos básicos de la adolescencia.

El trabajo con Elsa fue arduo. Tuvimos que trabajar en muchas otras áreas, pues había que reparar algunos "baches" de su infancia. A los 19 años, se encontraba más equipada para retomar su proceso adolescente. Terminamos confiando en que el paso hacia la adultez sería llevado a un buen fin.

¿Puede un adolescente pasar esta etapa sin presentar ningún cambio en su conducta o actitud?

Así como un adolescente que presenta crisis muy intensas, con conductas y cambios muy exagerados, es preocupante, de igual manera un adolescente que se mantiene tan "tranquilo y obediente como el hijo de la infancia" es para inquietarse. Esta aparente calma puede estar ocultando graves problemas de fondo, como una incapacidad para separarse de sus padres, es decir, para lograr su propia individuación o consolidar su personalidad.

Los síntomas de la adolescencia son resultado del proceso de adaptación que hace el adolescente. Por lo tanto, la presencia de estos síntomas *no* son indicadores de que algo ande mal, como bien lo expresamos al hablar del "síndrome normal" de la adolescencia. Por otro lado, la *no* existencia de estos síntomas, o las manifestaciones exageradas de ellos, sí pueden indicar una patología.

Así, una vez que los cambios físicos se han presentado, la carencia de síntomas emocionales es un indicador de una importante inhibición en los intentos del chico por adaptarse al cambio. Es decir, que el joven se ha encerrado en sí mismo buscando mantener su posición infantil —que quizá es la que le brinda seguridad como zona de confort— y tiene una mayor necesidad de ayuda que aquel adolescente que toma el riesgo de expresar y confrontar con el mundo adulto sus necesidades. Es importante considerar cuáles son los posibles aspectos del joven y de la relación con sus padres que puedan estar inhibiendo las manifestaciones del proceso adolescente.

Jerónimo permaneció en silencio ante las primeras preguntas que se le hicieron acerca de por qué había acudido a consulta. Su madre había referido la discrepancia con el proceso adolescente de los hermanos, quienes habían manifestado actitudes de rebeldía, oposicionismo y dificultades escolares. Mientras Jerónimo se mostraba responsable y con buenas calificaciones, algo denotaba que las cosas no marchaban bien, ya que prácticamente no salía, casi no tenía amigos, ni novia, ni mostraba interés por cuestiones fuera del ámbito del hogar. Se apreciaban en él evidentes cambios físicos que no concordaban con su conducta pasiva y dependiente.

Conforme se fue trabajando con él, manifestó como una de sus principales preocupaciones no querer causar los mismos conflictos que sus hermanos mayores habían provocado y que habían sido motivo de una crisis familiar. Así, Jerónimo, al ser el pequeño, siempre había estado más cerca de la madre, por lo que el conflicto estaba basado en la relación de dependencia que había establecido con ella, alianza que le hacía sentir un temor a romper el vínculo con la madre si expresaba sus necesidades y asumía actitudes parecidas a las de sus hermanos.

Como podemos ver, la inhibición de Jerónimo estaba sustentada en el temor a la pérdida de su relación infantil...

¿Qué factores contribuyen a una adolescencia normal?

Entre los elementos que contribuyen al paso por la adolescencia están aquellos que se encuentran determinados por el ritmo en el proceso del desarrollo, es decir, que los cambios no se adelanten ni se retrasen más allá de lo esperado. Lo anterior acarrea dificultades en el proceso de ajuste, en virtud de la diferencia que se constituye con el grupo de pares, en muchas ocasiones generando distanciamiento por la diferencia de intereses que se establece. En contraste, un ritmo adecuado en el desarrollo físico permite una asimilación paulatina de los cambios, lo que a su vez facilita el ajuste psicológico a éstos.

Aun cuando el inicio de los cambios físicos está determinado por factores genéticos, existen otras circunstancias de índole nutricional y emocional que pueden adelantar o retrasar el proceso.

Otro de los elementos que contribuyen a la adolescencia normal es el medio ambiente. Por ejemplo, una sociedad que tolera y acepta los cambios del adolescente favorecerá el desarrollo de una adolescencia normal, a diferencia de un medio autoritario e impositivo que coarta y castiga las manifestaciones naturales de esta etapa. No hay que olvidar que existe una relación directamente proporcional entre represión y rebeldía. Entre más intentemos dominar y controlar a nuestro hijo, más tenderá a oponerse a la opresión. Es importante elegir las batallas y no convertir cada aspecto de su vida en una forma de demostrar, por parte del padre o madre, "quién manda aquí".

¿Qué aspectos básicos se deben resolver en la adolescencia?

Para que el adolescente pueda transitar con naturalidad hacia la adultez, requiere haber resuelto una serie de puntos básicos, entre los que se encuentran los siguientes:

- La renuncia a los privilegios de la niñez. En este punto se requiere la posibilidad de encontrar perspectivas más atrayentes de las que se ofrecían en la niñez. Así, a pesar de que la responsabilidad y la conciencia se van imponiendo al adolescente, se adquiere por otro lado el recurso de ejercer con libertad los potenciales intelectuales, sociales, laborales, sexuales, etcétera. Por ejemplo, para Lourdes fue muy difícil dar este paso, ya que desde la posición de niña podía obtener el afecto y el apoyo incondicional de sus padres; sin embargo, ya en el plano de una joven adulta encontraba muchos obstáculos para relacionarse con ellos. El costo emocional de renunciar a los privilegios de la niñez era muy alto.

- Se va acortando la distancia entre las fantasías grandiosas y las posibilidades reales, que permiten que los niveles de frustración que la vida impone sean más tolerables. Los éxitos y los fracasos se vislumbran desde su justa dimensión, lo que facilita al individuo aprender de la experiencia. Por otro lado, con esto se adquiere una perspectiva más apegada a la realidad, que conlleva una visión menos distorsionada del mundo y de los otros.

- La consolidación de sí mismo, a través de saber quién es, qué quiere, qué lugar quiere tener como adulto joven en su familia y en el medio que le rodea y, sobre todo, con qué posibilidades cuenta para lograrlo.

- La autonomía psicológica, principalmente de los padres. La separación de los padres consolida una personalidad diferenciada y autónoma, capaz de regirse congruentemente de acuerdo con las necesidades y ambiciones propias. El riesgo de quedarse atrapado entre los padres puede remitir al adolescente a una constante confusión entre lo que él mismo necesita y lo que los padres esperan o requieren de él, y aquí es cuando el joven cae en el dilema de "quiero pero no puedo" o "debo pero no quiero." En resumidas cuentas, entre el deber y el ser. La distancia física no es ninguna garantía de que esto se haya resuelto, a fin de cuentas son los padres que llevamos dentro cada uno de nosotros los que definitivamente pueden obstaculizar, inhibir o castigar. Una paciente, ya casada, pensaba si su madre aprobaría o no su elección de sábanas al ir de compras.

Pero también veamos el caso de Alejandra, una joven de 19 años proveniente de una pequeña provincia que inició una relación de noviazgo formal con Diego, 10 años mayor que ella.

Ambas familias se conocían tiempo atrás y se habían mostrado muy complacidas por la relación de la pareja. Ella había terminado sus estudios medios y quería iniciar una carrera profesional que le exigía trasladarse a vivir a otra ciudad.

Los padres vislumbraban los posibles riesgos que enfrentaría su hija en la ciudad. Por su parte, Diego definitivamente no quería separarse de su novia. Ante esta disyuntiva, el novio decidió proponerle matrimonio a Alejandra, como una manera de resolver el problema, decisión que los padres apoyaron gustosos. Diego, por su parte, ya se encontraba en otro momento de su vida; había tenido la oportunidad de vivir y resolver su adolescencia "a sus anchas", a diferencia de Alejandra, quien había logrado muy poco respecto de su autonomía; de hecho, había pasado del vínculo con sus padres a la relación con Diego.

Alejandra sentía que no era el momento de adquirir un compromiso tan importante, además de que quería vivir y probarse a sí misma en otros ámbitos de su vida. Curiosamente, estos primeros síntomas de Alejandra representaban sus intentos para alcanzar una madurez real. Alejandra entró en una crisis benigna, ya que para resolver sus necesidades de individuación requería renunciar a los lazos afectivos importantes, lo cual le resultaba muy doloroso. Tenía que elegir entre las expectativas de sus padres y de su novio y sus propias necesidades.

> • La resolución de la crisis vocacional. Aquí la definición de una vocación permite al adolescente trazar proyectos a corto y mediano plazos. Si el adulto joven ha podido hacer una diferenciación entre las expectativas de los padres y del entorno familiar y social, con sus propias posibilidades y deseos, podrá tener definido de manera más satisfactoria su perfil profesional.

Luis se encontraba a los 21 años en una encrucijada. Estaba cursando el sexto semestre de la carrera de ingeniería química. Sin embargo, desde pequeño había manifestado aptitudes musicales muy especiales, y su deseo secreto en la vida era dedicarse a la música; pero la expectativa del padre hacia su hijo mayor era de que en un futuro no muy lejano se integrara al área de producción de su empresa.

Luis había iniciado un grupo musical desde la secundaria con unos amigos, pero ahora la música le pedía mayor tiempo y le resultaba difícil combinar ambas actividades. Se encontraba confundido, temeroso y no quería fallar; pero por otro lado se sentía atrapado entre sus propios deseos e intereses y las expectativas que la familia había forjado alrededor del hijo mayor.

- Consolidación de la identidad sexual. Con esto se logra definir la orientación heterosexual u homosexual del joven, que lo lleva al establecimiento de vínculos satisfactorios. También se abre la posibilidad de flexibilizar la función de los roles femenino y masculinos, haciendo más funcionales las relaciones de pareja. Por ejemplo, cuando la identidad sexual está bien definida, a pesar de las posiciones socioculturales, se pueden ejercitar e intercambiar ciertas actividades con la pareja, sin sentir que con esto se pierde la hombría.

¿Qué más debemos buscar para saber que el hijo resolvió bien su adolescencia?

- El adolescente que posee una conciencia y una sensibilidad hacia aspectos sociales.
- El establecimiento de amigos más estables.
- Mayor control de sus impulsos y emociones.
- Relaciones familiares y sociales más satisfactorias.
- Habilidad para articular e identificar sus sentimientos.
- Sentido de cooperación y participación a nivel social y familiar.

3 PROBLEMÁTICAS ACTUALES PARA EL ADOLESCENTE Y FACTORES DE RIESGO

Los riesgos psicosociales en la adolescencia

La adolescencia conlleva una serie de riesgos debido al ímpetu de los impulsos, la fuerza de la regresión y el difícil reto de diferenciarse y lograr autonomía respecto de los padres internalizados de la infancia.

Asimismo, no se puede olvidar que los conflictos del adolescente generalmente son de orden interno, de su configuración psicológica, y no el que se establece con los padres o maestros como sujetos reales, por lo que la conducta observable hacia ellos es una dramatización del conflicto interno.

Lo normal en la adolescencia es la rebeldía; lo patológico es el oposicionismo compulsivo, o sea, oponerse constantemente a todo lo que se pide de ellos, como si cualquier aceptación fuera un sometimiento que pone en peligro la precaria individuación del adolescente. El adolescente se encuentra ante la disyuntiva que representa decir *sí* al adulto, lo cual lleva implícito el sometimiento y la infantilización, mientras que decir *no* tiene que ver con autonomía. En esta etapa la obediencia se relaciona con sometimiento e infantilización.

El Yo frágil e inseguro del adolescente teme quedar "pegado" a la situación infantil y culpa al entorno de sus dificultades para progresar; por eso ataca buscando unos límites externos que lo contengan. El adolescente pelea por la diferencia entre lo que busca y lo que encuentra, a pesar de que a menudo no sabe lo que busca, ni lo que quiere. Por eso generalmente queda insatisfecho y lo que encuentra es insuficiente e inadecuado. Entonces tiende a culpar al otro por esa situación.

En este sentido, la propuesta es que el adolescente pase de la queja estéril a saber la cuota de responsabilidad que le corresponde en lo que le sucede, para poder responsabilizarse de ello.

El adolescente comprueba que si se pelea renegando del entorno familiar, se pelea con lo que lo ha estado sosteniendo hasta ahora, y esta situación le genera angustia, por la perspectiva de quedarse sin soporte. El dilema del adolescente consiste en desatarse del lazo que lo une a su herencia y a sus vínculos familiares sin perderlos como soporte; es decir, por un lado, desearía no tener la figura de los padres o maestros (sobre todo no tener que necesitarlos o recurrir a esa figura), pero también quiere y necesita el sustento de sus padres y sus maestros, y le cuesta reconocerse como hijo y como alumno.

El adolescente se torna peligroso a los ojos de los adultos porque quiere tomar sus propias decisiones y cuestiona las actitudes, las opiniones y los valores de la generación anterior. A menudo la violencia de los adolescentes es consecuencia del abuso de poder de los adultos que no quieren renunciar al mandato absoluto que tenían sobre el niño.

La necesidad de negar la dependencia afectiva de las personas por el temor al sufrimiento, al abandono o a la responsabilidad de cuidar al otro de los propios impulsos ambivalentes, lleva a los adolescentes a relacionarse con cosas a las que ilusoriamente pueden controlar, explotar y usar a voluntad.

En algunos aparecerán la ansiedad, la dependencia, el sometimiento, la necesidad extrema de estar con alguien considerado como único e irremplazable. En otros, tomará la forma de arrogancia, autosuficiencia y desapego, como modos reactivos de independencia. También se observa la alternancia de las dos formas de relación en un mismo chico: periodos de intensa dependencia alternados con otros de cambio compulsivo de figuras (amigos, amores, familiares).

En ambos casos se observan, con frecuencia, adicciones paralelas o alternativas, que aparecen o se agravan ante los fracasos afectivos: cigarrillo, alcohol, psicofármacos, drogas. Así como también las compras compulsivas, la acumulación de objetos, la adicción a la televisión y al teléfono, y aun la actividad física excesiva, todo lo cual funciona como reemplazo, ocupando el lugar de las figuras faltantes.

También la bulimia, así como la anorexia, representan aspectos de autorreparación y de venganza hacia el entorno frustrante, a través de la avidez o el rechazo por las figuras importantes.

Del mismo modo, escapar de la escuela, faltar al trabajo, irse de pinta, realizar actividades delictivas o destruir objetos, implican un doble movimiento de fuga transgresora y de esperanza difusa de encontrar algo satisfactorio.

Comprar, comer, consumir y usar funcionan como actos-síntoma que condensan múltiples sentidos: la descarga de la pulsión, la autorreparación amorosa por la deprivación afectiva, la apropiación vengativa a la manera de un robo, los componentes autodestructivos en busca de castigo: comer lo que hace daño, alcoholizarse o drogarse, los *actings* sexuales compulsivos y promiscuos. La ferocidad y la depredación son los rasgos centrales del vínculo con el otro.

De cualquier modo ambas formas, la dependencia extrema y la independencia reactiva, remiten a la ausencia de una buena relación interna con las figuras parentales, y necesitan con desesperación del otro para incorporarlo o negarlo. Paralelamente, el adolescente no establecerá una relación verdadera con el otro, que implicaría el compromiso de reconocerlo y cuidarlo. Sólo utiliza objetos que supuestamente controla y puede tomar y abandonar a voluntad. Por último tratará a las personas como cosas, que sólo tienen valor en la medida en que él las necesita.

Existe una incapacidad para establecer vínculos verdaderos con los otros que implicarían la estabilidad, la aceptación de los límites y las diferencias y el reconocimiento sin rabia de la dependencia recíproca que toda relación humana implica.

En este sentido, los valores que predominan en nuestra cultura, como el éxito fácil, la apariencia y el consumismo, son valores triviales que no ayudan a la complejización, sino que favorecen las fantasías omnipotentes y grandiosas del adolescente. Los adolescentes a los que todo se les satisface inmediatamente dejan de desear y quedan en un estado de permanente desazón.

La exigencia para el adolescente en este sentido es la siguiente: se es o no se es, situación que deja al adolescente con la sensación de estar solo y desamparado. Esto, en un momento en que el sí mismo está siendo cuestionado, puede ser devastador. Puede hacer sentir que la lucha está perdida de antemano y que eso implica, en el dilema de la adolescencia, no ser o estar fuera del mundo.

Estos sentimientos pueden ser rápidamente encubiertos con la euforia que da el alcohol u otras drogas o conductas de riesgo. Omnipotencia prestada que tapa por momentos el dolor intolerable. Como plantea Hachet,[1] el consumo de drogas es una tentativa ineficaz de autocuración de sentimientos impensables.

En la adolescencia hay un repudio por los ideales parentales, una búsqueda de nuevas identificaciones y una reactivación de la omnipotencia infantil. Todo lo anterior puede llevar a regresiones y a conductas de riesgo que, a veces, tienen graves consecuencias.

En la tentativa de separarse, el adolescente intenta "sacar de sí" todo aquello que vive como presencia materna-paterna dentro de él. Sin embargo, él ya "es" rasgos maternos-paternos, identificaciones estructurantes que lo sostienen. Y al intentar expulsarlos de sí, expulsa pedazos de sí mismo. Pero en el caso de que las identificaciones se constituyen frágilmente (en un "como si"), como una cáscara vacía, la sensación de "romperse en mil pedazos" en el cambio lo angustiará intensamente.

Lo anterior facilita que se aferre a algo (alcohol, droga, velocidad, conductas antisociales) o a alguien (vínculo destructivo) para sostenerse; algo-alguien que le garantice ese entorno de disponibilidad y sostén que anhela y, sobre todo, algo-alguien que lo haga sentirse existiendo. Es en ese punto donde se inscriben las conductas de riesgo.

La violencia puede ser usada como un recurso, generalmente autodestructivo, al que muchos adolescentes apelan frente al terror de verse desdibujados en un mundo en el que se suponen sin lugar.

Hoy encontramos entre los adolescentes un quiebre de las redes identificatorias, sentimientos generalizados de inseguridad e impotencia; hay un bombardeo de los medios de comunicación, exceso de mensajes confusos, pérdida del valor de la palabra, cuestionamiento de la idea de justicia... Un mundo en el que los adolescentes deben encontrar su lugar.

En síntesis, la adolescencia es la expresión del proceso psicológico de acomodamiento a la maduración biológica, que introducen al adolescente en la ruta de la vida adulta. Los tiempos y los riesgos de la adolescencia varían de una persona a otra; sin embargo, la terminación de la adolescencia está marcada por los logros y los alcances de tipo psicológico, social, académico, así como por la capacidad de ajuste a las exigencias de la vida adulta.

Como ya se mencionó, durante este periodo se adquieren y consolidan estilos de vida y se refuerzan algunas cosas que se aprendieron en la infancia. Los amigos y los medios de comunicación son grandes influencias para la juventud; las creencias, las actitudes y los comportamientos adquiridos durante esta etapa muy probablemente se mantendrán en la vida adulta. De ahí la importancia de tener hábitos y un medio saludable durante el desarrollo de la adolescencia.

Actualmente parece que los jóvenes han cambiado; ya no buscan enfrentarse a sus padres en búsqueda de su propia identidad, involucrarse en movimientos sociales, tomar alguna bandera de rebeldía para tratar de cambiar al mundo. Los adolescentes ahora se "conectan", literalmente; pasan horas en internet, pero ya no se vinculan ni establecen relaciones más profundas... Están más solos. Inician su vida sexual a una edad más temprana —generalmente sin protección—, y no buscan establecer una relación sino explorar nuevas sensaciones sin comprometerse.

Su medio es más violento y ellos lo reflejan; también ha aumentado no sólo el consumo sino la diversidad de drogas a las que acceden. Ahora, además, algunos se involucran en el comercio de las mismas.

La belleza tiene un valor social más alto en la actualidad y los jóvenes responden a estas imágenes, preocupados por su apariencia como en otros tiempos, pero poniendo en riesgo su salud para alcanzar dichos estereotipos; la bulimia y la anorexia son un ejemplo de lo anterior.

Más que idealistas, ahora buscan placeres rápidos, tienen poco interés en problemas sociales y apenas se involucran en actividades políticas. Su contexto ha cambiado y los problemas que enfrenta la juventud han aumentado: drogadicción, consumo de tabaco y alcohol, enfermedades de transmisión sexual, violencia en muchas de sus relaciones, poca claridad respecto del futuro, etcétera.

Muchas conductas de riesgo se pueden prevenir si los jóvenes que asisten a la escuela cuentan con información y comprenden las consecuencias de consumir drogas, participar en hechos violentos, tener malos hábitos alimenticios, entre otros comportamientos propios de un estilo de vida poco saludable.

No basta informar a los jóvenes para resolver estos problemas. Además se necesita que los adolescentes investiguen, pregunten, analicen, construyan hipótesis y, en general, utilicen la información con una perspectiva crítica. De esta manera se logrará un aprendizaje significativo y relevante para prevenir riesgos y fortalecer un estilo de vida saludable.

En el caso de la educación sexual, los padres y los profesores deben estar preparados para proteger al alumnado de riesgos relacionados con el ejercicio de la sexualidad, en especial de infecciones de transmisión sexual y embarazos no deseados y no planeados. Son necesarias algunas pláticas sobre sexualidad, así como la difusión de los derechos sexuales y reproductivos, junto con adecuados servicios de orientación y apoyo

Los embarazos en la adolescencia tienen consecuencias biopsicosociales, pues la adolescente que se embaraza ve afectado su proyecto de vida por diferentes razones: llega a abandonar la escuela, enfrenta riesgos para su salud, y el niño o la niña suelen sufrir rechazo y problemas de salud. En el caso de las infecciones de transmisión sexual, los riesgos que éstas entrañan para la salud integral de la persona, o incluso para su vida, son motivo suficiente para asumir la responsabilidad de educar para prevenir y desarrollar las competencias de autorregulación y cuidado de sí mismo.

Los jóvenes de la actualidad son más vulnerables; es preciso idear nuevas vías para orientarlos en la búsqueda de una autonomía que no los ponga en riesgo.

El mundo en el que viven nuestros adolescentes

En la actualidad, los adolescentes tienen acceso a una oferta de placer y diversión cuyo mensaje es: "No te quedes con ganas de nada", como diría la psicoanalista Diana Sahovaler.[2] Así, esta idea aparece como una solución a la falta de respuestas, a la angustia que genera el proceso de encontrarle sentido a la vida. El hecho de que el adolescente busque amortiguar su fragilidad emocional a través de estos mecanismos tendrá como consecuencia la detención de su desarrollo, una merma en su creatividad o la incursión en conductas que lo pondrán en riesgo.

Sin embargo, para algunos adolescentes estos ideales de la cultura *cool* y perfecta les muestran una falsa idea de la felicidad. Por eso entre ciertos grupos de jóvenes se convierte en modelo idealizado a alcanzar, con el cual buscan identificarse. El adolescente quiere convertirse en ese ser estéticamente perfecto y así contemplarse y buscar ser contemplado en el espejo, en los blogs, en Instagram, en Facebook o en los videos que sube a internet, donde su vida puede ser un espectáculo para que otros se fascinen.

Lo cierto es que los medios de comunicación masiva ofrecen imágenes corporales que fomentan ciertas construcciones sobre un ideal del sí mismo, que pueden desencadenar cambios en la manera de percibir y evaluar el propio cuerpo, es decir, de construir una imagen corporal distorsionada. La idea de que el control de nuestro cuerpo es posible si lo sometemos a estrictos controles de calidad, a sacrificios y a disciplinas, a rígidas dietas, a continuos esfuerzos físicos y a cirugías estéticas, no es sino la

129

consecuencia de un mercado que se ha movilizado para crear verdaderas empresas de la ilusión.

Para ciertos adolescentes, el atractivo físico está en la base de su autoestima y puede llegar a determinar la esencia de sus interacciones sociales y su calidad de vida. No hay que olvidar que para muchos adolescentes su autoconcepto y autoimagen no son consecuencia de un proceso de elaboración personal, sino resultado de los medios de comunicación, la publicidad y la moda.

Para ello, algunos buscan convertir su cuerpo en objeto estético y construir, con resistencia, disciplina, choques de endorfina y programas nutricionales, una imagen de sí mismos a través del triatlón, de la construcción del perfil del *iron man*, o del *body training* en programas como el 54D, que dejan al joven en condición de mostrarle a los otros su potencia y su perfección con bíceps y cuadritos en el abdomen o, en otros casos, moldearlo con cirugías, implantes o liposucción. Esta imagen corporal idealizada se construye basándose en el concepto del *buen cuerpo* o el *modelo fitness* —que, por cierto, sólo puede ser soportado a través de la anorexia, la bulimia o la vigorexia—. Así, el ideal del cuerpo se convierte en un valor al que socialmente se puede y se debe aspirar, provocando que el adolescente imagine sentirse mejor consigo mismo, más sano, más atractivo, y que, una vez alcanzada esta condición, erróneamente suponga que se le abrirán las puertas del éxito y el prestigio social.

Por otro lado, el cuerpo puede ser tratado como una superficie o una pantalla donde proyectar una amplia gama de fantasías, afectos o situaciones conflictivas fundamentalmente inconscientes. Al diseñarlo con *piercings* y tatuajes, buscarán hacerse de una segunda piel, creando una nueva envoltura.

También, algunos adolescentes buscarán someter y castigar al cuerpo a través de diferentes tipos de experiencias sustentadas en los excesos: *cutting*, alcohol, droga, sexo.

En fin, el placer del displacer nunca parece suficiente; la pareja que se elige puede estar impidiendo el acceso a otra mejor; cualquier grado de satisfacción parece poca cosa en relación con lo que se transmite en la televisión o en las revistas.

Todo lo anterior coincide con una sobreoferta de los medios de comunicación que a su vez aportan su interpretación acerca de lo que ellos conciben como la realidad y la verdad, o a través de internet, que pone a disposición una información sin límites y facilita la comunicación, acortando tiempos y eliminando distancias. Los grandes avances tecnológicos y científicos estimulan la fantasía de que todo lo que se desea es posible.

No se trata entonces de un mundo que hoy les prohíbe a los adolescentes, sino de un mundo que les ofrece. El placer parece estar a la vista y garantizado a través de la estética corporal, de la autoimagen, de acceder a la compra de ciertos bienes, de pertenecer a ciertos círculos o de construir ciertos vínculos con los cuales vivir una sexualidad caótica y desbordada.

Sin embargo, los deseos están para ser formulados, no para ser cumplidos. De esta forma, el adolescente llegará a sentir culpa por no poder alcanzar el grado de placer establecido por los ideales sociales y por las tentaciones personales; en este sentido, la angustia aparece como síntoma, y las conductas de riesgo, como consecuencia.

Los factores de riesgo

El proceso adolescente confrontará a nuestro hijo con la búsqueda por encontrar quién quiere ser. Para lograrlo deberá comprender lo que lo rodea y lo que lleva dentro de sí mismo, y esa no es una tarea sencilla. Además, esa tarea no tendrá una respuesta universal, pues cada ser humano es único e irrepetible, e invariablemente chocará en la búsqueda por su identidad con las exigencias y las expectativas familiares y sociales.

Recordemos que la adolescencia es una etapa en la que el individuo tiende a actuar sus impulsos a través de una forma externa y otra interna. Los psicoanalistas le llamamos a esto una tendencia al *acting out* y al *acting in*, que tiene que ver con una forma de manejar la ansiedad, el desequilibrio y la inestabilidad que puede estar dando cuenta del natural proceso de construcción de los procesos de identidad y autonomía de nuestro hijo, pero también pudiera darse el caso de la manifestación de una profunda problemática.

La tendencia a la actuación de los impulsos a través de la confrontación y el desafío, y ponerse a prueba mediante una búsqueda en los excesos, son expresiones naturales de los procesos de autodefinición del adolescente que lo ayudan a lidiar con sus conflictos internos.

En fin, la adolescencia es la edad en la que todo parece posible, la etapa de las experiencias y los encuentros; en este sentido, no hay que olvidar que cada adolescente establece una relación única con el otro y con el mundo, desarrollando estrategias personales para lidiar con el mundo, con los otros y, de manera muy importante, con sus procesos emocionales.

Para los adolescentes no existe una única causa que explique por qué comienzan a incursionar en conductas de riesgo. Lo cierto es que, por lo general, la mayoría de éstas irán desapareciendo sin consecuencias graves. Lo que se puede plantear es que existen diversas variables que se combinan y hacen "un caldo de cultivo", y que pueden favorecer que estas conductas se exacerben. Entre estas variables se encuentran las siguientes:

a) *La curiosidad por experimentar.* Los adolescentes, como parte natural y deseable de esta etapa de la vida, necesitan experimentar diversas situaciones. Este periodo de ensayos, errores, tropezones, aprendizajes, dudas, incertidumbre, búsqueda de autonomía o mantenimiento de los vínculos de dependencia con respecto a los padres, generalmente resulta complicado. Se trata de la época del primer cigarro, la primera droga no legal, la primera borrachera, el primer amor, la primera relación sexual.

Estas pruebas se manifiestan a menudo en forma de conductas percibidas por los adultos como excesos; sin embargo, esto no significa —*a priori*— que el adolescente se encuentre en dificultades. Se pueden observar manifestaciones "ruidosas" acompañadas de actitudes provocadoras, o "silenciosas", como el ensimismamiento.

b) *La presión del grupo de pares.* El grupo de amigos se vuelve muy importante; casi se podría asegurar que se convierte en el centro de la vida de los adolescentes. Recordemos que el grupo de amigos en la adolescencia. Por lo general cumple con tareas muy importantes del desarrollo: los amigos tienen la función de sostener al adolescente en el proceso de desligarse de los padres y de la infancia.

También sabemos que los amigos ejercen una presión que facilita la adopción de determinados códigos que dan cuenta de la construcción de su identidad, y que se manifiestan a través de la moda en el vestir, de su música, de los cortes y los tintes de pelo, pero que también los pueden llevar a explorar el mundo y a probarse a sí mismos en situaciones de riesgo.

No hay que olvidar que si nuestro hijo tiene amigos que viven en el exceso, el abuso y el peligro, la culpa no la tienen los amigos y el problema no se resuelve con impedir que socialice con ellos. Primero habrá que preguntarse ¿por qué nuestro hijo elige este tipo de amistades y experiencias?

c) *La búsqueda de placer.* Las conductas de riesgo asociadas a la búsqueda de placer están vinculadas al deseo del adolescente de desconectarse de las exigencias más agobiantes de la realidad; de transformar y tapar su frustración, su angustia y su fragilidad, a través de "ponerle mucha adrenalina a la diversión y a la vida". Si en la infancia y la adolescencia no se aprenden otras formas de obtener placer, las conductas de riesgo pueden llegar a ocupar un lugar muy importante en la vida del adolescente.

d) *El control familiar inconsistente.* A los adolescentes se les hace difícil la interiorización de unas pautas de comportamiento claras, cuando las normas familiares son excesivamente rígidas, relajadas, incongruentes o inconsistentes. Un adolescente en esta condición buscará probar y hacerse de unos límites en la vida. El problema es que los límites que impone el mundo tienen un costo muy alto y conllevan consecuencias inclusive irreparables.

e) *Las experiencias infantiles.* Con frecuencia los problemas que no se resolvieron en la infancia aparecerán en la adolescencia con mayor fuerza. Muchas veces estas carencias o experiencias que no se solucionaron en la niñez se acarrean a la adolescencia y pueden manifestarse a través de las conductas de riesgo.

f) *Predisponentes familiares*
- Consumo de tabaco, alcohol o drogas por parte de los padres o los hermanos.
- Dificultades en la comunicación.
- Violencia o agresión intrafamiliar.
- Críticas y faltas de respeto.
- Falta de interés de los padres hacia los hijos.
- Permisividad o tolerancia al consumo tabaco, alcohol o drogas en la familia.
- Disciplina autoritaria o represiva y demasiado flexible o permisiva.
- Falta de cariño y de respaldo por parte de los padres.
- Inadecuada supervisión de los padres.

En síntesis, cada adolescente transitará por la adolescencia con los retos y los peligros desde su propia experiencia y estructura; cada joven hará uso de diferentes mecanismos adaptativos para lidiar con las angustias, los miedos y los impulsos que en ocasiones los desbordan. Ciertamente, habrá adolescentes que se volcarán en el deporte, en los libros, en el arte, en el estudio o en la acción social, pero habrá otros que no podrán identificar ni entender lo que les pasa y buscarán encontrar sus propios límites en las conductas de riesgo.

Signos y síntomas de que mi hijo se encuentra en riesgo

- Cuando el adolescente se vive a sí mismo con incapacidad para alterar, afectar o interactuar con el medio.
- Mucha falta de confianza en sí mismo.
- Fallas narcisistas (autoestima exacerbada o disminuida).
- Niveles considerables de ansiedad.
- Intensos sentimientos de culpa y fracaso.
- Rasgos de carácter (pasividad, violencia y victimización).
- Sentido de capacidad nulo.
- Altos niveles de omnipotencia.
- Tristeza patológica, ideas de muerte, suspiros, llantos, risas, expresión de dolor, expresión de angustia o tristeza, rabia o expresión de agresividad.
- Cambios frecuentes de humor sin aparente desencadenante; dificultad o incapacidad para experimentar o desear placer; abatimiento, desinterés por lo habitual, o falta de concordancia de la afectividad expresada con el contexto.
- Insomnio.
- Bajo nivel de tolerancia a las frustraciones.
- Pensamientos pesimistas, sobrevalorados, de minusvalía, de culpa; acciones de autolesión.

- Delirios, preocupaciones, rumiaciones, pensamientos obsesivos, etcétera.
- Conducta sexual promiscua, uso de sustancias tóxicas, falta del uso de medidas de seguridad (por ejemplo, manejar alcoholizado), violencia.
- Inasistencia a clases.
- Participación frecuente en peleas.
- Irritabilidad, impulsividad, volatilidad y actitudes propensas a las explosiones de agresión.
- Nivel de contacto visual insuficiente e inabordable.
- Rapidez de movimientos y presencia o no de movimientos o posturas involuntarias, repetitivas o poco comunes.
- Alteraciones sensoperceptivas: alucinaciones, ilusiones, etcétera.
- Alteraciones de la forma y el contenido del pensamiento; en particular ideas de muerte, suicidas, pesimistas, sobrevaloradas, de minusvalía, de culpa, de autolesión.
- Pérdida de interés o placer.
- Fracaso para adaptarse a las normas sociales (respecto de lo legal).
- Deshonestidad; mienten rápidamente.
- Grandes niveles de impulsividad e incapacidad para planificar el futuro.
- Intensa irritabilidad y agresividad.
- Despreocupación imprudente por su seguridad y la de los demás.
- Falta de remordimiento ante daños, maltrato o robos.

Los factores de protección ante el riesgo adolescente

Hay rasgos que potencian el desarrollo y el fortalecimiento de los factores de protección:

- La introspección que faculta a la persona a "entrar dentro de sí misma", a observarse, a reflexionar y a plantearse preguntas. Ayuda a cuestionarse a sí mismo y a darse una respuesta honesta.
- La independencia que ayuda a establecer límites entre uno mismo y los ambientes adversos. Potencia el establecimiento de una distancia emocional y física ante determinadas situaciones, sin llegar a aislarse.
- La iniciativa que capacita para afrontar los problemas y ejercer control sobre ellos.
- El humor que conduce a encontrar el lado "cómico" o "amable" en las situaciones adversas.
- La creatividad que lleva a crear orden y belleza a partir del caos y el desorden.

Factores de protección individuales

- Habilidad para resolver problemas. Si desde pequeños enseñamos a nuestros hijos a pensar y a resolver las dificultades que les presenta la cotidianidad, crecerán con esta habilidad.
- Adecuada autoestima. Es importante, como padres, ser un espejo genuino que les refleje una realidad benevolente sobre sus virtudes y sus posibilidades.

- Autocontrol en el manejo de emociones. Desde la infancia es necesario promover un manejo adecuado e inteligente de las emociones.
- Ser tolerante y solidario. Nuestros hijos tienen que ser conscientes de cómo sus acciones afectan a los demás para bien y para mal.
- Tener expectativas realistas. Ir aportando a nuestros hijos un sentido de realidad. Bien decimos que el sentido común es el menos común de los sentidos.
- Poseer una actitud positiva frente a la vida.
- Recordar que la estructura, el horario y los límites son importantes, y los tienen que ejercer TODA la familia.
- Contar con una red de amigos. Y esto comienza con los padres, que a su vez deben valorar y frecuentar a sus propios amigos y familiares.

Factores de protección familiares

- Ser una familia afectiva. Abrazar a nuestros hijos, decirles que los amamos y demostrar ternura en nuestra relación con ellos, disfrutando su presencia y el intercambio con ellos.
- Establecer una adecuada comunicación. Veraz, frontal y genuina.
- Tener expectativas claras con respecto a nuestros hijos. Que ellos sepan qué se espera de ellos de manera concreta y específica.
- Motivar y estimular a los hijos, pero de forma real, no alabando cualquier tontería, sino enseñándolos a distinguir entre lo bien hecho y lo hecho "al aventón".

- Fortalecer la autoestima. De nuevo es importante ser genuino y subrayar las verdaderas cualidades, pues si no uno parece "porrista" y los hijos nos dejan de creer, perdemos credibilidad.
- Reconocer las habilidades que tiene cada miembro de la familia.
- Fomentar valores sólidos que deben llevarse a cabo por todos los miembros de la familia, como la amistad, la solidaridad, la verdad y la honestidad.
- Contar con normas claras respecto del no uso de drogas; ser muy claros y poner límites muy definidos, pero tener la confianza de poder hablar de los temas en cuestión.
- Participar en las actividades de los hijos, en todas y con mucha frecuencia y buen ánimo, a pesar de que ellos digan que no quieren.

Funciones de autocuidado

El amor a uno mismo tiene que ver con la prolongación del cariño y el cuidado materno, de esa mirada que dio sentido e integró al infante. La madre es la primera persona que desde muy temprano lo fue constituyendo con su afecto y con cuidados y observaciones sobre su aspecto y su cuerpo, lo cual le fue dando un sentido de ser, de ser para el otro, y de los límites de la piel. Cuando la madre le va diciendo al niño cómo debe asearse, vestirse, comportarse, cuidarse le genera un sentido de existencia y una conciencia de su propio cuerpo como algo que necesita ser procurado y cuidado, por uno mismo y por la relación con los otros.

Es sólo a partir de este cuidado que la madre provee, y de la seguridad que el niño tiene en su continuidad, que el infante adquiere la confianza en el afecto como algo estable y perdurable. Eso lo constituirá como un adulto maduro, capaz de cuidarse a sí mismo, de quererse, y por lo tanto, capaz de cuidar y amar al prójimo.

Aquí debemos pensar en el papel de las escuelas consideradas como prolongación de la idea de la familia, y a su vez como alivio de las pautas familiares establecidas. La inmadurez del adolescente y sus constantes regresiones requieren que el docente sustituya a la madre en las observaciones sobre su cuerpo. El individuo que aparenta ser unidad autónoma, en realidad nunca es independiente del medio, aunque en la madurez puede sentirse libre, contribuyendo a su felicidad y a la sensación de una identidad personal. La clara separación del Yo y el no Yo se vuelve borrosa.

Un docente, o cualquier adulto, que señala el cuerpo y el comportamiento del adolescente ("tira el chicle", "fájate la camisa", "no te duermas"), en apariencia es una figura persecutoria; no obstante, deviene en la continuidad de la mirada materna que constituye los límites corporales y emocionales del adolescente, funcionando como un espejo que refleja una totalidad integrada, un "ser para el otro" que sí lo está mirando. El adolescente toma forma en la mirada de otro que lo mira con cuidado.

Si se hace todo lo posible para promover el crecimiento personal de los hijos, se encontrarán a sí mismos, lo cual incluye la agresión y los elementos destructivos, pero también los tiernos que hay en ellos. Habrá así un forcejeo al que tendrán que sobrevivir. Lo mismo sucede con el adolescente en el ámbito escolar frente a un docente que lo acompaña en el proceso de mirarse a sí mismo y de cuidarse a sí mismo.

Las conductas de riesgo

BULLYING

El acoso escolar o *bullying* es un fenómeno mundial que comenzó a investigarse en Europa y Estados Unidos hace más de 35 años. Al principio, se basaron en las investigaciones de etólogos como Konrad Lorenz sobre un fenómeno denominado *mobbing*, y referido al comportamiento agresivo de algunas especies de pájaros contra un contendiente de otra especie. Posteriormente, el psicólogo noruego Dan Olweus acuñó el término *bullying* en 1993, para definir una forma de maltrato y violencia entre estudiantes. La palabra *bullying* viene del inglés *bully,* que significa bravucón o abusón, y está relacionada con conductas que tienen que ver directamente con un desequilibrio de fuerzas que, independientemente del tipo de conducta o naturaleza del acto infligido, hay una intención por parte del agresor de avergonzar, burlarse, excluir, humillar, amenazar, acosar, intimidar, hostigar, acorralar, aniquilar, atormentar o torturar.

Dan Olweus propone que un alumno es agredido o se convierte en víctima cuando está expuesto en forma repetida y durante un periodo constante a acciones negativas que lleva a cabo otro alumno o varios de ellos.

En México, hasta hace no mucho tiempo se consideraba como un fenómeno "normal" que formaba parte de la experiencia adaptativa en la vida de un estudiante y al que se referían como "echar montón", "traer de bajada", "traer jodido" o "le cayó el chahuiztle".

Los adultos imaginaban que en el proceso de socialización de los estudiantes había que partir del principio de que "los niños son crueles por naturaleza, y aquellos que son objeto de burla o abuso tienen que aprender a defenderse". Entonces, con la complicidad, anuencia, negación o impotencia de padres de familia, autoridades educativas, profesores y alumnos, el fenómeno del acoso escolar se perpetuaba.

Sospechosamente los adultos no visualizaban al *bullying* como un problema que dejaba efectos devastadores en la integridad emocional de las víctimas; tampoco imaginaban que los espectadores eran tocados a partir de la intimidación indirecta, en algunos casos o, en otros, como el escenario ideal para un goce perverso; y, por último, que fomentaba en los agresores una conducta antisocial cuyos efectos tenían consecuencias nocivas, no nada más para el individuo en cuestión sino también para la sociedad.

Ahora bien, ustedes se preguntarán por qué decimos "sospechosamente"; la suspicacia proviene de nuestra experiencia profesional, así como de la de nuestros "retorcidos" colegas, en la que hemos venido constatando que la mayor parte de los hoy adultos fuimos, en algún momento de nuestra vida, tocados de manera directa o indirecta por esta experiencia: como espectadores, como víctimas o como agresores, y que en lo más profundo de nuestro ser intuimos el poder de lo que ello significa. ¿Será que la vergüenza, la culpa o el dolor infligido en nuestra infancia o adolescencia se ha convertido en una experiencia "negada" que nos orilló a hacernos de ojos ciegos y oídos sordos?

Afortunadamente, hoy existe mayor conciencia del problema, y las escuelas por lo pronto tienen la encomienda de construir un espacio que brinde a todos sus alumnos las garantías sobre su integridad física y psicológica.

A partir de nuestra experiencia clínica en el trabajo con adolescentes, nos resulta muy importante compartir lo que ellos a su vez, con un nudo en la garganta, sin poder sostener la mirada o con los puños crispados, nos han compartido: el *bullying* es vivido como una de las experiencias más dolorosas y devastadoras, además de que resulta ser uno de los problemas más difíciles que han tenido que enfrentar en su vida.

El *bullying* es un proceso grupal que implica a la familia, a la escuela, a la dinámica del grupo entre los estudiantes y a las características de personalidad tanto de víctimas, espectadores y agresores.

Desde una perspectiva psicosocial, existe básicamente un desequilibrio de fuerzas, a pesar de que los miembros sean de la misma edad: por un lado, en los agresores una posición de fuerza y liderazgo frente al grupo y, por otro, una posición de debilidad en la víctima. Las diferencias socioeconómicas en el contexto escolar en muchas ocasiones también ponen en juego este desequilibrio.

El fenómeno se explica a partir de que se establece un binomio emocional de poder-indefensión. De poder por parte del agresor, y de indefensión por parte de la víctima, en un contexto en que los espectadores brindan retroalimentación al *bullying*, mientras que el silencio cómplice y "el hacerse de la vista gorda" de profesores y autoridades educativas representan una manera de legitimar el acoso.

El acoso escolar se puede convertir en una conducta abusiva o de indefensión cuya función es dramatizar en la escuela los problemas o las situaciones dolorosas dentro del hogar. Por parte del agresor, representa una manera en que a través del otro hace frente a sus propios problemas, es decir, proyecta en el otro los núcleos degradados, atemorizados o despiadados que él o algún miembro importante de la familia tiene que enfrentar en el hogar.

Normalmente se aplica el *bullying* a las personas que son percibidas como débiles, inseguras, ansiosas, cautas, sensibles, tímidas, o que presentan rasgos diferentes como usar lentes, tener sobrepeso, acné, orejas grandes, padecer problemas de aprendizaje o de lenguaje. En muchas ocasiones también influyen las características físicas como estatura, complexión, color de piel y raza; se trata de cualquier diferencia susceptible de ser objeto de ridículo.

El líder del *bullying* tiene una gran necesidad de sentirse importante, popular, poderoso o en control, mientras que la víctima por lo general es elegida a partir de que es frágil en su seguridad y su autoconfianza, debilitada psicológicamente, o mantiene una fuerte dependencia a la sobreprotección de sus padres.

Asimismo, el carácter del *bullying* tiene diferentes manifestaciones:

- Físico: empujones, "picar la cola", poner el pie, patadas, puñetazos, "zapes", coscorrones, agresiones con objetos, pellizcos, jaloneo del pelo.
- Verbal: insultos, apodos; ridiculizar, imitar, esparcir rumores, difamar.
- *Ciberbullying*. En lugar de producirse cara a cara, ocurre a través del teléfono o de internet. El problema fundamental de este tipo de acoso es que ocurre incluso en el hogar, y la víctima no tiene dónde

esconderse, mientras que el acosador puede mantener cierto anonimato. Una de sus modalidades es más grave: cuando se graba un video vejatorio y se *sube* a internet.

• Psicológico. El componente psicológico está presente en todas las formas de abuso, y consiste en todas aquellas acciones encaminadas a destruir la seguridad y la autoconfianza de un individuo. Por ejemplo, excluir a un compañero del grupo en forma rotunda y severa, humillarlo o avergonzarlo públicamente.

Hoy es necesario entender que el acoso escolar o *bullying* es un problema en el que, sin lugar a dudas, se ponen en juego muchas variables que vienen de fuera, pero cuyas manifestaciones se dan en el corazón de la escuela, ahí donde se construye la seguridad y la confianza, la convivencia cotidiana. Por ello, es ahí donde, como diría la sevillana Rosario Ortega, tenemos que llevar el bálsamo de la reparación, la acción preventiva y la intervención educativa.

Algunos signos de que un estudiante está siendo acosado en la escuela:

• Empieza a inventar enfermedades que le permitan faltar a la escuela: dolores de estómago, dolores de cabeza, de muela…

• Somatización. En este caso no inventa una dolencia; realmente ponen el dolor emocional en el cuerpo a través de náuseas, mareos, vómito, malestar de estómago o de cabeza, como respuesta al estrés y a la angustia.

- Bajo desempeño escolar.
- Pesadillas o insomnio.
- Apatía.
- Cansancio por las mañanas.
- Conducta autodestructiva.
- Fatiga crónica.
- Pierden sus pertenencias y aparentemente pierden dinero.
- Pobre concentración.
- Irritabilidad.
- Ideación suicida.

Consejos

- *Apoyar y contener emocionalmente* a su hijo y decirle que lo ayudarán a superar el problema.
- Dejarle claro que no es su culpa y que cualquier persona que vive experiencias de *bullying* se siente igual de mal.
- Informar por escrito a la escuela.
- Solicitar una reunión con las autoridades escolares y exponer el problema para trabajar en colaboración.
- No reaccionar con violencia, ni irrumpir en el colegio ocasionando un escándalo con los profesores o los padres del agresor.
- No instigar a su hijo a que se defienda violentamente.
- No hablar ni amenazar al agresor.
- No sobreprotegerlo.
- Investigar si se trata de algo recurrente o permanente; si su hijo tiene problemas de socialización en otros espacios, si tiene dificultades para defenderse.

En caso de ser así, pida ayuda y orientación psicológica.

En estos casos, una psicoterapia de grupo de corte psicodinámico puede ser muy útil.

Agresión y violencia

En el adolescente la agresión tiene dos significados: por un lado, es directa o indirectamente una reacción ante la frustración; por el otro, es una de las dos fuentes principales de energía que posee el chico.

La agresión surge desde que el bebé está en el vientre materno. Los golpes tempranos e incluso los movimientos *in utero* inducen al bebé a descubrir el mundo exterior, distinto de su *self*, y lo ayudan a relacionarse con el exterior. Esa conducta presentada al salir del vientre, que pronto será agresiva, al principio es un mero impulso que conduce a un movimiento y a los comienzos de exploración del mundo exterior.

Así, la agresión es parte del ser humano y está presente a lo largo de todo su desarrollo. Claro que existen diferencias individuales en este proceso. Un bebé tiende a ser agresivo, en tanto que otro casi no manifiesta agresividad alguna desde que nace. Sin embargo, ambos tienen el mismo problema. La diferencia de actitud obedece simplemente a que los dos manejan de manera distinta su carga de impulsos agresivos.[3]

El niño llega a amar y a odiar al mismo tiempo, y uno de los ejemplos de la conjunción del cariño y la agresión es el afán de morder, en el que se incorpora el placer de comer, aunque al principio lo excitante es morder.[4]

La destrucción primitiva tiene que ver con el hecho de que para el bebé el mundo exterior cambia: deja de ser "parte de mí", para convertirse en algo distinto de mí. La madre que guía a cada hijo con sensibilidad permitirá afrontar el reconocimiento de la existencia de un mundo que escapa a su control mágico, a su omnipotencia. De este modo, la agresión afectiva se considera un logro y una señal de civilización. Cuando el quehacer materno y la paternidad son suficientemente buenos, la mayoría de los bebés accede a una vida sana, y adquiere la capacidad de dejar a un lado el control y la destrucción, disfrutando la agresión que llevan dentro de sí, al mismo tiempo que gozan las gratificaciones y las relaciones afectivas y la riqueza interior que constituyen la vida de un niño.[5]

El niño activo tiende a lograr características activas que proporcionan la expresión abierta de la agresión y la hostilidad; mientras que el tímido tiende a no encontrar esta agresión en el *self*, sino en otra parte, y a asustarse de ella o esperar con aprehensión su venida desde el mundo exterior.[6] El niño que retiene la agresión "dentro de sí mismo" se convierte en un niño tenso, formal y excesivamente controlado. La consecuencia es la inhibición de todos los impulsos y de toda la creatividad (por cuanto ésta se halla ligada a la irresponsabilidad de la infancia y a un estilo de vida abierto y espontáneo). Este niño pierde parte de su libertad interior, pero su conducta es beneficiosa porque, gracias a ella, comienza a desarrollar el dominio de sí mismo junto con cierta consideración hacia los demás. Todo niño sano adquiere la capacidad de ponerse en la situación de otra persona y de identificarse con los objetos e individuos externos.[7]

Aunque es difícil hablar de una persona totalmente integrada, si esta existiera asumiría plena responsabilidad por todos los sentimientos, incluyendo las mociones agresivas. La palabra *salud* (en el sentido de una "buena salud") está estrechamente ligada al grado de integración que ayuda a asumir esta responsabilidad plena y hacerse cargo de la propia destructividad.

A veces la agresión se manifiesta y se agota por sí sola, o bien necesita que alguien la enfrente e impida de algún modo que el chico agresivo cometa daños. Los impulsos agresivos en ocasiones aparecen encubiertos bajo alguna manifestación contraria.[8]

Según Winnicott,[9] en el infante surge la idea de destruir un objeto, ante la cual aparece el sentimiento de culpa, lo que da como resultado el trabajo de reparación: lo constructivo. Esto constituye un logro en el desarrollo emocional del individuo, pues en la temprana infancia el niño es incapaz de sentirse culpable. Sólo más adelante experimentará un sentimiento de culpa registrado como tal en su conciencia. Todo odio fortalece el amor y, así, los aspectos dañinos siempre darán cabida a la reparación. Es importante interpretar esa reparación como un acto mediante el cual esa persona está fortaleciendo su *self*, haciendo posible así la tolerancia de su propia destructividad. Si esta reparación es bloqueada, la persona queda incapacitada, hasta cierto punto, para responsabilizarse de sus impulsos destructivos, y el resultado será la depresión.

Es importante entender el modo en que actúa un sentimiento de culpa cuando está a punto de transformar la destructividad en constructividad. Estamos hablando de un sentimiento de culpa silencioso y no consciente, un sentimiento latente, anulado por las actividades constructivas.

El niño y el adolescente que cometen un acto agresivo, ilícito o dañino, deben ser reprendidos para que el sentimiento de culpa no genere un "autocastigo", como una actuación impulsiva que genere más daño que bien. El regaño o el castigo deben provenir de afuera, no de adentro del mismo individuo, y *siempre* se les debe permitir y estimular a reparar el daño.

A partir de lo anterior podemos entender, en cierta medida, la destructividad compulsiva como problema específico de la adolescencia. La destructividad, aun siendo compulsiva y engañosa, es más sincera que la constructividad, cuando ésta no brota de un sentimiento de culpa derivado de la aceptación de los propios impulsos destructivos.

Las conductas antisociales y delictivas se encuentran comúnmente en los adolescentes así llamados "normales". Winnicott[10] suele considerar estas conductas como signo de esperanza, pues en ellas se logra inferir un pedido de auxilio.

Aunque suele relacionarse la delincuencia con temas como la pobreza, el hacinamiento, los hogares deshechos y con serios problemas socioeconómicos, estas conductas antisociales están vinculadas intrínsecamente a la deprivación,[11] y no a una falla social. Para algunos jóvenes, las cosas marchaban relativamente bien y después, ante un cambio, dejaron de marchar suficientemente bien. El cambio ambiental alteró por completo la vida del chico cuando estaba en edad suficiente para percatarse de lo que estaba sucediendo. La tendencia antisocial no se relaciona con la privación o la carencia económica, sino con la deprivación, es decir, con la carencia afectiva.[12]

En México, igual que en el resto del mundo, el delito de mayor incidencia entre los menores es el robo, seguido por las lesiones. Sánchez Galindo[13], en un trabajo presentado en 1990 en el que aborda información sobre el Distrito Federal señala: "Por lo que se refiere al tipo de delito cometido por los infractores, las especies que predominan son el robo, las lesiones, los delitos contra la salud, la violación, el homicidio y daño en propiedad ajena". Esta situación no difiere, por lo que respecta a los principales delitos, de lo que ocurre a escala nacional para el periodo 1994-2002, ya que de acuerdo con las cifras del INEGI, el robo fue el delito por el que ingresó el mayor número de infractores a los consejos, y si se excluye a la categoría de "otros", el segundo delito de mayor relevancia fueron las lesiones, seguidas por el homicidio. La proporción de ingresos durante el periodo 1994-2002 por el delito de robo se ubicó en 43% en promedio; los ingresos por lesiones representaron alrededor de 11% y, finalmente, la participación del homicidio como causa de ingreso a los consejos de menores fue menor a 2%.

Como dice Winnicott,[14] si examinamos la tendencia antisocial, nos encontramos con algo común y considerado normal. El joven se siente con derecho de tomar un bolillo de la despensa o unas monedas de su mamá, y esto sucede una y otra vez en cada familia: un niño reacciona ante una privación relativa con un acto antisocial, y los padres responden con una indulgencia temporaria que puede ayudar al niño a superar esa fase difícil.

La confianza de los miembros familiares permite que el muchacho explore sus actividades y conductas destructivas, aquellas que se relacionan con las fantasías acumuladas en torno al odio. Así logra integrar sus impulsos agresivos con el amor, para protegerse de sí mismo a las personas y objetos que valora.[15]

Por último, detrás de ello está la confianza del niño en la relación entre sus padres; pero cuando se produce una deprivación en forma de ruptura, sobre todo si los padres se separan, los impulsos agresivos dejan de ser inofensivos. El niño asume de inmediato el control que ha quedado vacante y se identifica con el nuevo sistema familiar, perdiendo su propia impulsividad y su espontaneidad. Le seguirá un periodo tranquilizador desde el punto de vista de los que están a cargo, en el que el niño se identifica más con ellos que con su propio *self* inmaduro. En casos como éste, la tendencia antisocial despertará la esperanza de que se restablezca la seguridad. El adolescente no sabe lo que pasa; sólo sabe que ha lastimado a alguien o ha destrozado algo, pues es una agresión carente de lógica. Preguntarle al adolescente por qué rompió la ventana o por qué robó el dinero es inútil, pues él mismo no lo sabe. La verdad objetiva no debe perseguirse, sino sólo aquella que es real para el adolescente, y el discurso moralizador carece de sentido.[16]

Si el adolescente logra revivir la sensación de sufrimiento y de inseguridad que lo llevó a realizar el acto en cuestión, para que vuelva a sentir lo mismo que sentía antes de la deprivación, ahí recuperaría la capacidad de redescubrir la seguridad ambiental que perdió, y recuperaría también una relación creativa con la realidad, retomando una espontaneidad que no implicaría más riesgos, aun cuando contenga impulsos agresivos. El adolescente no puede vivir en armonía consigo mismo hasta que alguien haya retrocedido en el tiempo con él y le haya permitido volver a vivir el resultado inmediato de la deprivación en el recuerdo.[17]

La violencia como defensa de la identidad

Muchos especialistas[18, 19] consideran a la violencia como *un mecanismo primario de autodefensa* de un chico que se siente amenazado en sus límites y en lo que constituye, según él, el fundamento de su *identidad*, o sea de su *existencia*.

Es en el ser humano en quien la violencia adquiere su dimensión más trágica por el hecho mismo de la conciencia que se tiene de ella y por las prohibiciones que pesan sobre ésta. La violencia está caracterizada por la imposibilidad de pensar al otro, de empatizar con el otro; es decir, la ausencia de toda consideración por lo que el otro piensa, siente, desea; se trata de una negación global del otro como sujeto.

Este efecto puede manifestarse aún más sutilmente sin agresividad manifiesta. Así, algunas normas de los papás o de la escuela pueden ser vividas por el adolescente como violentas, en la medida en que no son tenidos en cuenta sus deseos y sus necesidades. Así, la violencia no es la manifestación de un exceso de fuerza, sino la confesión de debilidad de un Yo, de un Yo personal o de un Yo grupal. Es decir, hay una relación entre la violencia y la inseguridad interna que genera la sensación de vulnerabilidad del Yo, y promueve una búsqueda de reaseguramiento mediante el uso de conductas de dominio sobre el otro y sobre sí mismo.

La violencia comienza con una molestia o una irritabilidad, hasta que deviene en un malestar insoportable que es necesario expulsar y proyectar; es decir, se requiere ser colocado o depositado en alguien o algo externo al adolescente, porque convivir o cohabitar con ese malestar interno le resulta intolerable. El joven tenderá a expulsar de sí mismo al perseguidor que habita en los núcleos internos, y que como un mecanismo de regulación o equilibrio interno cree reconocer en el otro. Por ello, sobrepasará los diques del autocontrol y buscará la contención emocional en el exterior para fijarle límites al Yo desbordado o en peligro de desbordarse.

En este sentido, los factores protectores que al adolescente ayudan a sobrellevar o permiten lidiar con estos núcleos violentos reposan sobre la seguridad y la confianza interna adquirida a lo largo del desarrollo, así como en las cualidades, como pueden ser la cercanía, la calidez, la consistencia o la conexión genuina con sus vínculos significativos.

En general, cuando el adolescente en potencia violento experimenta la necesidad del otro o de los otros, se siente disminuido y amenazado; es decir, vive la necesidad del otro como si se tratara de una dependencia intolerable, ya que el otro puede ser vivido como un agente invasor que lo posee, lo somete y lo domina; por ello, una de las formas más comunes que éste tiene para mantener cierto equilibrio interno es deshacerse de la ansiedad, o, como diríamos los psicólogos, expulsar la excitación desorganizante, para así ejercer un control omnipotente y un dominio del otro o de los otros, que es del tamaño y de la fuerza del control que él, a sí mismo y a sus emociones internas, no puede aplicar. De esta manera, internamente el adolescente muchas veces se enfrenta a la disyuntiva entre ser como el otro, es decir, incorporar ciertas cualidades del otro, reducirse a ser el otro, o controlar y someter de forma violenta al otro.

Cuando en el adolescente la angustia está muy exacerbada, en ocasiones se encuentra en la disyuntiva de renunciar a ser él mismo y tomar posesión de sí, a través de ser otro; es decir, la opción que está más a la mano es recurrir a modificar su personalidad en consonancia con las características del otro con quien se vincula.

Así, el grupo de pares le aporta al adolescente un sentido de contención que apacigua, aunque sea parcialmente, esta angustia existencial derivada de no poder definir quién es o en qué momento su sí mismo empieza o termina.

Como ya hemos visto, en la dinámica del grupo de pares de adolescentes se desarrollan códigos por los que atraviesan las características que diferencian a un grupo de otro, así como una serie de roles en los que se definen los liderazgos y los diferentes lugares en la dinámica grupal.

Sin embargo, en algunos grupos subyacen las fantasías de omnipotencia y poder como base de la construcción vincular a partir de los núcleos de fragilidad y desvalimiento. Entonces es cuando el grupo busca un chivo expiatorio en quien pueda proyectar precisamente estos núcleos. El deseo de pertenencia llevado a un extremo hace que el individuo desaparezca como tal, y el código del grupo se imponga.

Con frecuencia el adolescente se defiende revirtiendo en espejo aquello que teme sufrir, pues existe una relación entre la violencia y la inseguridad interna, como una sensación de vulnerabilidad por las amenazas a sus límites y a su identidad. Esto genera un aumento de dependencia de la realidad perceptible externa, como obtención de seguridad por falta de recursos internos y, en consecuencia, la defensa a través de conductas de dominio sobre el otro o sobre sí mismo.

Por otro lado, las violencias ocultas manifiestan el desprecio (no la destrucción física), la ausencia de toda consideración por lo que piensa, siente, desea el otro. Esto equivale a negar al otro como persona. La violencia no se da en un adolescente contento consigo mismo, sino que es la declaración de la fragilidad de él o ella bajo el dominio de las impresiones que lo acosan. Se trata del ataque desde dos frentes simultáneamente: por un lado, las agresiones percibidas como externas en función de las agresiones internas (fantaseadas) ligadas a los traumas de la infancia; por el otro, a los deseos del joven desconocidos por él y percibidos como peligrosos, y correspondientes a sus aspiraciones profundas e ignoradas.

Así también, las violencias actuadas sobre todo en movimientos de masas dejan sin motivación a quienes participaron en esas violencias colectivas; sus apegos se destrozan porque ya no tienen nada en común con los demás, y se vuelven extraños para los otros y para sí mismos.

Violencia y repetición reemplazan la ausencia de placer de la satisfacción en el intercambio afectivo y vincular. La violencia es para los niños carenciados uno de los pocos medios para sentir que existen, contactando con ellos mismos en ausencia de otro disponible y solícito; pero el contacto sin afecto y sin ternura resulta siempre destructivo.

Una violencia destructiva, que puede implicar un daño real a otra persona, a sus bienes o al mismo adolescente, es un hecho que implica la consulta con un especialista, antes de que se consuma un acto delictivo que ponga en riesgo al chico o a su familia.

La adolescencia, internet y las redes sociales

Las últimas investigaciones en neurobiología dan cuenta de que ciertos tipos de estimulación modifican las estructuras cerebrales y generan cambios en la forma en que las personas piensan; el cerebro humano es muy plástico, y a esa función se le llama neuroplasticidad, lo que significa que tiene la capacidad de reorganizarse a partir de los estímulos que recibe. De ahí se ha desmentido la vieja creencia que afirmaba que teníamos un número determinado de neuronas, y que necesitábamos cuidarlas el resto de nuestra vida para no perderlas.

Hoy, por ejemplo, los neurólogos han descubierto que la lengua materna y las aprendidas durante la infancia se alojan en una parte diferente del cerebro, a las que se aprenden en un momento posterior de la vida. Este hecho nos da la pauta para reflexionar el punto de que nuestros hijos han vivido los lenguajes de las nuevas tecnologías de la información y de la comunicación —por lo que aprenden, responden y socializan— de maneras muy diferentes a la nuestra. De hecho, se dice que ellos son nativos de la era digital, mientras que nosotros, sus padres, somos inmigrantes.

La mayoría de los papás somos y estamos adaptándonos a la tecnología; los inmigrantes digitales podemos llegar a "conocer" y a "dominar" la "lengua", pero siempre conservaremos el acento original. Nuestras estructuras de pensamiento se anclaron en los procesos que utilizamos para aprender desde nuestra infancia.

Nosotros aprendemos en forma lineal y secuencial, es decir, por procedimientos; hacemos mejor una cosa a la vez, y hemos desarrollado procesos de trabajo más individuales.

Parecería que los inmigrantes digitales no valoramos lo suficiente las habilidades de los nativos digitales, ya que preferimos movernos dentro de los terrenos ya conocidos y a nuestros hijos les enseñamos a seguir los pasos dentro de un orden; por eso rechazamos la idea de que nuestros hijos hagan la tarea mientras ven televisión o escuchan música.

La mayoría de nosotros tuvimos una infancia analógica, sin internet ni teléfonos celulares. Nuestras herramientas fueron los libros, los papeles, los discos, los DVD. Inclusive, muchos de nosotros todavía imprimimos las *webs* para leerlas mejor o para guardarlas.

Leemos los periódicos y los libros que compramos en puestos de periódicos y en librerías, tomamos nota en cuadernos, anotamos citas en nuestra agenda de papel, escuchamos música en CD, usamos el teléfono para hablar, vemos programas en la televisión y no en la computadora.

Lo cierto es que nuestros hijos nacieron en la era de la revolución neurológica, y nosotros aún estamos enfrascados en descifrar lo que sugieren sus neuronas. Nacieron en la era de las neurociencias y dan cuenta de la manera en que han estado ejercitando nuevas habilidades; los niños que crecieron con computadoras, videojuegos e internet desarrollaron un tipo de pensamiento diferente al nuestro; construyeron mentes hipertextuales.

Este tipo de mentes da cuenta del desarrollo de las estructuras cognitivas paralelas y no secuenciales, por lo que pueden saltar de una cosa a otra y moverse con mucha naturalidad en contextos multitarea. Los adolescentes de hoy tienen una respuesta más rápida a los estímulos inesperados; acceden, absorben, procesan y usan la información de una manera distinta; son colaborativos, rápidos, no observan sino participan. Por otro lado, buscan pasar el menor tiempo posible en una tarea determinada y abrir el mayor número de frentes posibles. Han desarrollado destrezas espacio-visuales multidimensionales, lo cual les permite desplegar mapas, a manera de origamis mentales.

Hoy se definen, más que como aprendices del internet, como usuarios activos e inclusive como autores, generando estrategias operativas, desplazándose a toda velocidad; también son muy creativos. Ya no son usuarios pasivos: esta generación crea su propio contenido y comparte sus pensamientos, sus ideas, sus emociones *online*.

Los nativos digitales pueden interactuar con personas de todo el mundo, y funcionan mejor trabajando en red; prefieren aprender jugando, a embarcarse en el rigor del trabajo tradicional; asimilan rápidamente la información multimedia y consumen datos de múltiples fuentes y formatos; mantienen varios frentes de atención al mismo tiempo y esperan respuestas inmediatas; comparten y distribuyen información; aprenden de los amigos y producen sus propios contenidos; afrontan distintos canales de comunicación simultáneos, prefiriendo los formatos gráficos a los textuales, y prefieren los juegos al trabajo formal.

Los adolescentes actualmente, contra lo que pudiera pensarse, escriben y leen; de hecho pasan muchas horas del día y muchas veces las noches leyendo y escribiendo. Por ejemplo, a la edad de 20 años un joven ya habrá pasado más de 20 000 horas navegando en internet; la misma cantidad de tiempo que un nadador profesional hubiera invertido practicando en la alberca.

Construyen múltiples personalidades, personales y sociales que se van fusionando y son compartidas tanto *on line* como *off line*. La representación que tienen en la web está relacionada directamente con quiénes son.

Lo natural para los adolescentes es compartir la información; no solamente tienen el derecho de hablar, sino también de ser escuchados. Esto conlleva un riesgo, ya que se pierde la brecha necesaria entre lo confidencial, lo privado y lo íntimo, con lo público. Asimismo, a veces se les hace difícil distinguir la información de calidad, de la chatarra informativa. Sí, el clásico "si está en internet debe ser verdad". Por ello, el área clave que parece haber sido afectada es la reflexión, que es la que nos capacita para aprender de la experiencia". En el mundo a "velocidad de las TIC" (tecnologías de la información y la comunicación) parece que cada vez hay menos tiempo y oportunidad para reflexionar. Por eso, uno de los retos fundamentales de los padres con sus hijos es desarrollar la reflexión y el pensamiento crítico.

La adicción a las TIC es la conducta compulsiva y repetitiva que consume la energía de la persona, constriñe y empobrece su mundo, ya que la vida del adolescente gira alrededor del uso y consumo de las TIC. En este sentido, existe una serie de señales de alarma que a los papás nos alertan cuando nuestros hijos están en riego de desarrollar algún tipo de conducta adictiva:

- Se aísla y cada vez tiene mayor dificultad en socializar con sus amigos, o paulatinamente ha ido perdiendo a sus amigos.
- Cuando está conectado a internet no está chateando con sus amigos o con jóvenes de su misma edad.

- Presenta falta de interés en actividades que antes le resultaban divertidas o placenteras, y actualmente no se encuentra cómodo en otras actividades.
- Sus amigos también piensan que tiene problemas con la manera en que necesita estar en internet.
- Se angustia, está malhumorado, irritable o deprimido cuando no puede conectarse a internet, y no encuentra otra forma de estar en el mundo.
- Ha perdido el control de su vida por su necesidad y dependencia a internet.

De nuevo, en estos casos por favor consulte a un especialista.

La adolescencia, las adicciones y la familia

Explorar es una de las características de la adolescencia, motivada no sólo por la curiosidad, el deseo de probar o de tener más experiencias, sino también por una tarea fundamental del desarrollo humano: construirse a uno mismo, encontrarse, diferenciarse.

Lo cierto es que gran parte de los jóvenes que entran en contacto con las drogas lícitas o ilícitas no se convierten en adictos; simplemente exploran, prueban, y la experiencia del consumo forma parte del repertorio de vivencias en esta etapa del ciclo vital.

Vale la pena recordar que el abuso y el uso consistente de las drogas no es una situación que se origine de la noche a la mañana; con frecuencia está basado en problemáticas previas a la adicción: sufrimiento, inadaptación, fallas en el control de impulsos, importantes dificultades emocionales que se ven reflejadas en el deterioro del desempeño escolar, así como de las relaciones sociales y familiares, pero, sobre todo, en la incapacidad para sortear la encrucijada que en la adolescencia interpone el proceso de desprendimiento y diferenciación.

Muchas veces, el adolescente encuentra en el consumo de drogas la posibilidad de demostrarle al mundo, en particular a sus padres, que la niñez quedó atrás; que es una persona con deseos, necesidades y pensamientos propios; que es libre y autónomo en sus decisiones. En una palabra, se va creando un espejismo: la idea de pertenecer a la "liga de los mayores" y de haber consolidado una identidad diferenciada a la de los adultos más cercanos de su entorno.

Sin embargo, la sujeción del adolescente es real pero invisible; los apretados lazos familiares han sido tejidos desde la infancia; es un nosotros, un Yo indiferenciado donde todavía y en muchos momentos no hay lugar para el "tú". En ocasiones el adolescente vive el vínculo con sus padres como un espacio en el que no hay límites, y no hay bardas ni puertas entre el uno y el otro; por eso el joven trata de darle una salida a la angustiosa percepción de sentirse atrapado, fusionado o perdido. Y es en este punto en el que el adolescente, a través del consumo de drogas, empieza a intentar construirse un mundo privado y crear un espacio diferenciado.

Por ello vale la pena detenerse a analizar algunos conceptos básicos sobre la diferenciación. Antes que nada, ésta es un proceso que nos plantea diferentes retos a lo largo del desarrollo y que se "cristaliza" en la etapa adulta con la estructuración de una identidad bien definida. Estar diferenciado implica autonomía, libertad, límites definidos y responsabilidad —al menos en un primer momento— sobre uno mismo. En el sentido más profundo del término, implica saber distinguir con toda claridad dónde termino yo y dónde empieza el otro.

El proceso de diferenciación se origina a partir de los primeros vínculos del bebé con la madre, y éstos, como bien se conoce, sientan las bases de la personalidad adulta; bien lo dijo ya desde el siglo pasado el doctor Santiago Ramírez: *infancia es destino.*

Todo bebé desarrolla un fuerte lazo en principio con la figura materna, es decir, con la persona encargada de su cuidado y crianza, y a quien el bebé llega a "apegarse".

Sin embargo, el vínculo de apego que une al hijo con la madre y con la familia cambia en la adolescencia. Otras personas empiezan a tener igual o mayor importancia. En los adolescentes "sanos", el apego a los padres es fuerte, pero los vínculos con otras personas o grupos también son importantes. Y esos vínculos también son permitidos por sus padres, y no nada más se trata de un permiso de "dientes para fuera" sino desde lo más profundo de su ser; porque los padres han aceptado y han aprendido a renunciar a ser el centro de la vida de sus hijos. Y para que el hijo pueda empezar a desprenderse de los padres para establecer otras relaciones significativas, requiere de padres que le tengan un "sano amor" y alienten el proceso natural de separación.

En la adolescencia, el proceso de desprendimiento que implica también diferenciación confronta y pone en crisis a la familia. Por lo general se habla de la crisis del adolescente y se tiende a restar importancia a los retos personales y de pareja que enfrentan los padres del adolescente en esta etapa del ciclo vital.

Mencionemos sólo algunos de ellos. La adolescencia del hijo:

1) Confronta a los padres en relación con el rol frente al hijo. El adolescente ya no requiere tantos cuidados; ahora necesita otras cosas de sus padres, y éstos tienen que estar preparados para desempeñar con asertividad un nuevo rol.

2) Confronta a los padres con la desidealización del hijo. Nunca más serán para el hijo los padres grandiosos y espectaculares de la infancia.

3) Confronta las reglas del sistema familiar, que ahora se tienen que flexibilizar y adecuarse a las nuevas circunstancias.

4) Confronta a los padres con el proceso de declive natural, donde ya no cuentan con la vitalidad ni con la fuerza del adolescente, y mucho menos con la belleza física.

5) Confronta y pone en evidencia la manera en que los padres resolvieron su propia adolescencia y las herramientas con que cuentan.

6) Confronta la nueva visión del mundo y las agudas percepciones del adolescente que sacan a la luz muchas de las problemáticas personales y conyugales de los padres.

En este sentido, también los padres tienen que haber trabajado no sólo en los puntos anteriores, sino contar con un ingrediente básico que necesitan aportar para el sano desarrollo del hijo: haber resuelto sus propias tareas para que puedan ser facilitadores de estos procesos en la adolescencia de sus hijos. Esto quiere decir que nadie puede dar lo que no tiene; y si como padre o madre, por ejemplo, no tengo resueltas mis dependencias emocionales con mi hijo, difícilmente voy a poder apoyar estos procesos con éste.

Para que el adolescente pueda sortear exitosamente el reto de la diferenciación y el desprendimiento, necesita que sus padres también hagan la tarea: trabajar en discernir entre los propios deseos, intereses y necesidades, frente a los de su hijo; tomar una posición genuinamente respetuosa y tolerante a los nuevos gustos, estética y elecciones del adolescente y, por último, alentar el proceso de autonomía del joven.

Por lo anterior, es importante destacar que una de las tareas fundamentales de la familia en esta etapa del ciclo vital es brindar al adolescente las bases para incorporar un sentimiento de responsabilidad sobre sí mismo.

En esta misma línea, la adicción de un adolescente da cuenta de una falla estructural en el proceso, ya que la gran paradoja de quien padece una adicción es que, además de ser adicto a una sustancia, también lo es a la familia; ya que se vuelve dependiente en términos de manutención, cuidados, protección e inclusive de tratamiento.

Diferentes investigaciones sobre el papel de la familia en las adicciones coinciden con un supuesto básico: los padres de los adolescentes también están atorados en su propio proceso de diferenciación y, por tanto, se sienten amenazados frente a los primeros signos de autonomía por parte del hijo, restringiendo así su margen de maniobra.

Entre las formas que algunos padres adoptan frente a los intentos de diferenciación del adolescente, se encuentran las siguientes:

a) El clásico autoritarismo acompañado de un choque frontal y explosivo hacia el joven frente a cualquier conducta que rebase las rígidas reglas.

b) El chantaje, la manipulación y la seducción caracterizadas por cierto tipo de conductas bizarras, como intentar ser "el mejor amigo de su hijo" para inducirlo a pensar y a actuar como ellos creen conveniente.

c) El abandono, que enmascara la intolerancia y la represalia bajo los siguientes argumentos: "los adolescentes necesitan su libertad", "ya sabe lo que hace" o "ya no me necesita".

d) La sobreprotección. Bajo el "amoroso" pretexto de cuidarlo y velar por su bienestar, los padres se encargan de cortarle las alas.

Es muy difícil para una familia enfrentarse con el problema de adicción de un hijo adolescente, pero más desconcertante resulta aún para los padres cuando no hay indicios aparentes de disfunción familiar. Las razones de resistencia para aceptar una corresponsabilidad en la problemática están sustentadas sobre todo por el profundo dolor y la gran confusión, debido a que por lo general los padres presentan un mecanismo de defensa muy común: la negación, que básicamente se refiere a que en general son los últimos en darse por enterados del problema, a pesar de haber tenido frente a ellos las evidencias: "Han estado tapando al sol con un dedo".

Por otro lado, en ocasiones resulta muy complicado encontrar una colaboración efectiva y oportuna por parte de la familia, ya que no hay que olvidar que el "adicto" está socialmente incriminado, mientras que los padres son vistos como las víctimas de un hijo al que se le ha dado todo.

Aquí encontramos un aspecto primordial que sería imperdonable soslayar: uno de los pasos definitivos para la recuperación de la familia y del mismísimo adolescente es que sus padres trabajen en sus propias problemáticas personales y conyugales, así como en el reconocimiento de sus sentimientos de culpa.

Por eso es muy importante empezar por romper con ciertos mitos, que lo único que hacen es obstaculizar la importantísima participación del sistema familiar en la recuperación del adolescente. Entre los erráticos argumentos para explicar la adicción de un joven, encontramos los siguientes:

- Ha sido muy consentido.
- Tiene un carácter débil.
- Es muy influenciable.
- Sus problemas se deben a las malas compañías.
- Lo tuvo todo de pequeño.
- Siempre se ha salido con la suya.
- Todo lo ha tenido demasiado fácil; nada le ha costado trabajo.
- Tiene poco carácter.
- Tiene poca fuerza de voluntad.
- Se le ha dado demasiado: cariño, cosas materiales.

Este tipo de posiciones cierran los caminos que llevan al rescate del adolescente, porque convierten al joven en el chivo expiatorio de la familia. En ocasiones, aunque sea difícil de concebir, hay tal nivel de resistencia por parte de los padres para asumir su corresponsabilidad en la adicción del hijo adolescente, que prefieren sacrificarlo y "pacientizarlo"; es decir, ubicarlo en el rol del eterno enfermo y paciente predilecto de los centros de rehabilitación. Todo ello derivado en algunos casos del miedo de los padres a confrontarse consigo mismos o como pareja, o de la angustia que puede generar profundizar en la propia historia y hacerse responsables por lo que dieron o les falto dar; o quizá por una terrible fragilidad: intentar sostener un equilibrio familiar con alfileres.

En la adolescencia, la adicción a las drogas consiste en la incapacidad del joven para regular el consumo de sustancias que le causan daño y que, a pesar de ello, su consumo se repite más allá de su voluntad, y llegan a ocupar un lugar central en su vida. El consumo se convierte en una urgencia, en una obsesión, en un deseo compulsivo y en una necesidad irresistible; el adolescente ya no gobierna su vida: está bajo los fueros del impostergable deseo de consumir.

A partir de este punto, se habla de la adicción como un síndrome de dependencia a las drogas: el adolescente ya no tiene las riendas de su vida en las manos; su vida gira alrededor de las drogas, y este solo hecho significa que se halla a merced de un sinfín de variables que están fuera de su control. Por ejemplo, requiere solvencia económica, de alguien quien lo abastezca, de otros que lo cuiden, y de que otras personas se hagan cargo de sus propias responsabilidades. El problema esencial radica en que el cauce natural del desarrollo adolescente toma otras vertientes: la del riesgo, la dependencia, la transgresión, y la de poner la vida al servicio de los impulsos autodestructivos.

Ahora bien, en este terreno existe una tendencia a difundir los orígenes, la problemática y las consecuencias del uso y el abuso de las drogas en la adolescencia de una manera parcial. Lo anterior quiere decir que en ocasiones la información que se allegan los jóvenes y los padres de familia está plagada de mitos, prejuicios y discursos intimidatorios.

A menudo, al momento de abordar una problemática tan compleja como son las adicciones en la adolescencia, no se integran las múltiples variables que interactúan entre sí; por eso es importante intentar abordar, de manera muy general, cuatro dimensiones fundamentales:

1) *Biológica.* Por su estructura química, las drogas adictivas son el agente productor de la dependencia, en función de las modificaciones biológicas que inducen. Desde la perspectiva biológica se sostiene que las drogas adictivas son sustancias que generan por sí mismas adicción, ya que comparten la capacidad para modificar los procesos de neurotransmisión.

En este punto también es importante aclarar cierta información, por cierto muy extendida, la cual sostiene que el camino a la adicción es impulsado por el deseo irrefrenable de obtener placer con las drogas, y que toda experiencia de consumo es por sí misma placentera. De ahí viene el terror de muchos adultos frente a la posibilidad de que los adolescentes prueben alguna droga, bajo la convicción de que "si la prueban seguramente les va a gustar y después ya no la van a poder dejar..."

Lo cierto es que la mayor parte de los experimentadores o adictos pueden testimoniar "malos viajes", "bajoneos", "mala copa" o "palos" (en el caso de la cocaína) y, por otro lado, lo "placentero" de una droga muy pronto se convierte en una variable irrelevante en su uso adictivo, ya que no se consume para obtener placer, sino para aliviar el displacer de la abstinencia.

2) *Psicológica.* La adicción del adolescente está relacionada con determinadas vicisitudes del desarrollo que dan como resultado una estructura psíquica que, por un lado, no ha podido internalizar la capacidad de autocuidado y, por otro, no cuenta con las herramientas para lidiar con ciertos estados emocionales que se vivencian como sufrimiento.

La capacidad de autocuidado se viene desarrollando desde la infancia e implica contar con las herramientas para protegerse contra el peligro; incluye la posibilidad de tener los pies puestos sobre la tierra (prueba de realidad), la capacidad de juicio, el control de impulsos y la angustia señal (los sensores que nos alertan del riesgo y el peligro).

Ahora bien, la capacidad para regular los estados afectivos es un proceso que va madurando a lo largo del desarrollo del individuo, el cual está anclado en las características y las cualidades de los vínculos que se van construyendo desde la primera infancia. En esta línea, resulta interesante mencionar los postulados de algunos investigadores que proponen que la adicción responde a la falta de habilidad para tolerar ciertas emociones y, por ello, las drogas se usan para mitigar el sufrimiento emocional.

Estos investigadores plantean que, por ejemplo, los opiáceos (heroína, morfina, codeína, entre otros) se consumirían generalmente para contrarrestar sentimientos dolorosos generados por la rabia, la ira, la cólera; los estimulantes (cocaína y anfetaminas, entre otros), para apaciguar el sufrimiento proveniente de los sentimientos de minusvalía y vergüenza, y el alcohol, para atenuar el sufrimiento generado por las experiencias de vacío, miedo a la intimidad y ansiedad. Podríamos añadir, también, que las sustancias entactógenas, (MDMA o éxtasis) aliviarían los sentimientos de aislamiento emocional e inadecuación social.

3) *Familiar*. El precario equilibrio de una familia favorece la emergencia de un chivo expiatorio como medida frente a diferentes eventos disruptivos al interior del sistema. Entre algunas de estas problemáticas, se pueden encontrar:

• La desintegración del sistema familiar.

• La relación de pareja muy conflictiva (los padres del adolescente).

• La amenaza de separación de los padres.

• La incapacidad para resolver los retos que plantea una etapa del ciclo vital de la familia.

• Encubrir una problemática mucho más severa al interior de la familia.

• Fallas en los mecanismos de adaptación del sistema familiar frente a la adolescencia de los hijos.

• Dificultad del sistema familiar para promover los procesos de autonomía de sus miembros.

Sin duda, cualquiera de las problemáticas antes mencionadas puede resultar una variable importante en el desarrollo de la adicción de un adolescente. La trama familiar se va construyendo sin que muchas veces se escuche lo que el adolescente con su adicción le grita a sus padres: "Hazte cargo de mí, me niego a crecer, no me sé cuidar, me quiero deshacer de ustedes, pero... los necesito tanto..." Y a su vez lo que los padres comunican al adolescente es lo siguiente: "Efectivamente, no te sabes cuidar; deja que nosotros lo hagamos por ti". O en los casos más dramáticos: "Es el camino que elegiste... y estás solo... arréglatelas tú mismo".

4) *Social.* Desde la sociología crítica, las adicciones representan una lucha por la docilidad social, ya que el "mundo de las drogas", como expresión del desorden social, tiene como correlato la disciplina. En este sentido, el mundo de las adicciones es interpretado como el origen del caos, del contubernio, de la vagancia de personas en una condición prácticamente "contagiosa", ya que los suponen seres capaces de transmitir su mal a quienes los rodean, como si en su esencia está el influir, orillar, mal aconsejar o llevar a otros "al camino del mal".

La adicción a las drogas representa una manera de decir *no* a los cánones, a las normas, a las reglas constreñidas y asfixiantes; es un *no* a la sujeción, a la coerción, a la asepsia, a la vigilancia y a los métodos disciplinarios.

Entre los asiduos consumidores se van construyendo códigos de pertenencia por el hecho de vivir experiencias del "mundo de la droga" que otorgan una identidad al grupo; esta identidad se traduce en formas de relación, valores e ideología. No hay que olvidar que los adictos ostentan un sentimiento de poder sobre los demás seres sobrios, aletargados por el aburrimiento, las normas sociales y la cotidianidad.

Sin embargo, el gran dilema social en que queda atrapado el adolescente con problemas de adicción oscila entre el sometimiento y la sensación de impotencia a la autoridad interna (padres de la infancia), o externa (las normas sociales) *versus* la rebeldía y el desafío contra la autoridad.

Los trastornos alimenticios

En el siglo xxi, la belleza y el culto al cuerpo es uno de los valores sociales más elevados; estos nuevos valores son transferidos a los adolescentes a través de los modelos sociales mostrados que, al interiorizarlos, generan percepciones y conductas reales por las que algunos jóvenes se rigen. Con estas tendencias quedan ocultos algunos conflictos y temores del adolescente con pretextos como la buena nutrición y la comida saludable, lo bello y lo estético.

En la actualidad, la manifestación de lo que un adolescente es, y de lo que quiere ser, se plasma principalmente a través de su cuerpo; como si éste fuera un modelo coherente e integrado de su identidad personal; así, la realidad corporal o el cuerpo mismo de nuestros hijos adolescentes se ha convertido en un símbolo que expresa el lugar y la posición que guarda en la sociedad, e implica un medio de realización y desarrollo personal con el objetivo de alcanzar un ideal imaginario. Los adolescentes obesos o rellenitos nunca estarán en la misma posición de aquellos compañeros que portan un modelo de cuerpo *fitness,* condición necesaria para los socialmente exitosos. Hoy los medios de comunicación masiva muestran un cuerpo humano exigido por una representación de bienestar

174

y perfección, y de manera inconsciente los adolescentes, al no ajustarse a estos ideales representados, buscarán mil y una maneras de acercarse a esta representación.

La preocupación por el aspecto físico, la autoimagen y la sobrevaloración del cuerpo afecta por igual a hombres y mujeres. En los varones, el estereotipo culturalmente establecido ejerce una mayor presión social hacia una imagen de fuerza y potencia, mientras que los modelos femeninos reflejarán una imagen corporal delgada y definida.

Los trastornos de la alimentación tienen que ver con una grave alteración de la conducta alimentaria, es decir, se mantiene una situación muy poco saludable en relación con la ingesta alimenticia; o una gran desviación de los hábitos alimentarios que indudablemente afectan la salud física y emocional de quien la padece.

En este tipo de trastornos también se puede encontrar el deterioro de las relaciones familiares y sociales, y en muchos casos se reportan repercusiones en el desempeño académico, laboral o profesional.

Los factores que predisponen a desarrollar un trastorno de la conducta alimentaria suelen ser una combinación de variables de carácter cultural, social, familiar e individual.

No se puede olvidar que la alimentación es un proceso que va más allá de la metabolización bioquímica de la comida; se trata de una vía de transmisión de nutrientes afectivos y de intercambio emocional. Sin lugar a dudas, la alimentación es un proceso que también tiene que ver con el contacto, la interacción y los vínculos más tempranos en la vida de un ser humano. Ahí es donde por lo general encontramos los orígenes de los trastornos de la conducta alimentaria y, también, gran parte de su solución.

Los trastornos de la alimentación se pueden manifestar a través de las siguientes enfermedades: anorexia nerviosa, bulimia, obesidad exógena, ingesta compulsiva (comedores compulsivos), ortorexia, así como otros trastornos no específicos del comer.

De acuerdo con el Manual Diagnóstico y Estadístico de los Trastornos Mentales, DSM-IV, la anorexia nerviosa tiene como característica el rechazo a mantener el peso corporal en los valores mínimos normales y un miedo intenso a ganar peso; en el caso de la bulimia, se encuentran episodios recurrentes de atracones seguidos por conductas compensatorias como el vómito provocado, el abuso de laxantes, diuréticos y otros medicamentos, así como el ayuno o el ejercicio obsesivo.

El denominador común en ambos trastornos es la alteración y la distorsión en la manera en que se percibe la propia imagen corporal.

Los criterios para el diagnóstico de la anorexia nerviosa y la bulimia, de acuerdo con el DSM-IV, son los siguientes.

ANOREXIA NERVIOSA

Rechazo a mantener el peso corporal igual o por encima del valor mínimo normal, considerando la edad y la talla.

Miedo intenso a ganar peso o a convertirse en obeso, incluso estando por debajo del peso normal.

Alteración de la percepción del peso o de la silueta corporal, exageración de su importancia en la autoevaluación, o negación del peligro que implica el bajo peso corporal.

En las mujeres adolescentes, aparición de amenorrea (ausencia al menos de tres ciclos menstruales consecutivos).

Bulimia nerviosa

Presencia de atracones recurrentes. Un atracón se caracteriza por la ingesta de alimento en un corto espacio de tiempo en cantidad superior a lo que la mayoría de las persona ingerirían en un periodo de tiempo similar y en las mismas circunstancias; la sensación de pérdida de control sobre la ingesta de alimentos; conductas compensatorias inapropiadas, de manera repetida, con el fin de no ganar peso, como son provocación del vómito, excesivo uso de laxantes, diuréticos, enemas u otros fármacos, ayuno y ejercicio excesivo.

Los atracones y las conductas compensatorias inapropiadas tienen lugar, como promedio, al menos dos veces a la semana durante un periodo de tres meses.

La autoevaluación está de manera exagerada influida por el peso y la silueta corporal.

Tanto en la anorexia como en la bulimia se encuentran: una distorsión de la imagen corporal; muchos comentarios acerca de lo descontentos que los adolescentes están con su cuerpo, en ocasiones por aspectos en lo absoluto insignificantes, constantemente se miden, se pesan y comprueban el tamaño y la forma de su cuerpo; oscilan entre el cuidado exagerado de su imagen y el descuido; admiran e idealizan la delgadez, y escrutan las imágenes y las personas que portan una figura muy delineada. Presentan conductas autodestructivas.

Ortorexia

La ortorexia se refiere a la obsesión por consumir alimentos sanos. La "comida sana" se convierte en el centro de los pensamientos de las personas que la padecen; su vida empieza a girar alrededor del tema, a pesar de que su asepsia culinaria vaya adquiriendo un altísimo grado de toxicidad personal, familiar y social.

Por lo general los ortoréxicos rechazan la carne, las grasas, los alimentos que hayan tenido contacto con pesticidas o herbicidas, o los que contienen sustancias artificiales; pero su obsesión por "comer sano" va más allá y se preocupan incluso por la forma de preparación y los recipientes en que los cocinan.

La ortorexia es una enfermedad que recientemente fue investigada por Steven Bratman, quien planteó algunos criterios diagnósticos a través de preguntas como las siguientes: ¿pasa más de tres horas al día pensando en su dieta sana? ¿Su forma de comer lo aísla de los demás? ¿Se siente culpable cuando come algo no permitido por sus convicciones dietéticas? ¿Se preocupa más por la calidad de los alimentos que por el placer de comerlos? ¿Planifica hoy lo que va a comer mañana? ¿Ocurre que conforme aumenta la "calidad" de su alimentación, disminuye su calidad de vida?

Ingesta compulsiva

La ingesta compulsiva es un trastorno en el que se come en respuesta a ciertos estados afectivos, por lo que la persona tiene un control muy limitado sobre su manera de comer. Para los comedores compulsivos, el alimento los ayuda a hacer frente a sus problemas. Los comedores compulsivos son personas que han desarrollado un sentimiento de impotencia sobre el control de su ingesta alimenticia, y en el fondo reconocen también que su vida se ha vuelto ingobernable.

Los comedores compulsivos usan la comida para enfrentar la vida. Cada emoción, desde una tristeza hasta una alegría, los envía a la comida; suelen usar la comida como recompensa o consuelo. Para ellos existe una incapacidad para dejar de comer ciertos alimentos después de iniciar con el primer bocado.

El comedor compulsivo progresivamente va orientando sus necesidades de dependencia hacia la comida, mientras se va desinteresando por cultivar otras áreas de su vida. Poco a poco se va quedando fijado en su dependencia por ciertos alimentos hasta que llega un momento en que, por ejemplo, un pastel de chocolate resulta ser el mejor compañero de su vida. Un pastel, en ocasiones, llega a ser lo único con lo que puede mitigar su angustia, soledad o tristeza.

OBESIDAD EXÓGENA

La obesidad exógena se refiere a una enfermedad en que por exceso de alimentación (generalmente carbohidratos y grasas) se consigue un aumento patológico de grasa en el cuerpo que determina un considerable sobrepeso, es decir, de 25% a 30% superior al normal. Este exceso de reservas grasas del organismo hace aumentar considerablemente los riesgos de aparición de ciertas enfermedades cardiovasculares y metabólicas.

La obesidad, entre otras cosas, tiene que ver con la incapacidad de una persona para cuidarse a sí misma y proveerse de las condiciones para llevar una vida saludable a pesar de que generalmente se tiene el conocimiento y los recursos para ello.

Se trata de una enfermedad en la que la persona ha ido adquiriendo un sobrepeso corporal por abuso, desorden o descuido de sus hábitos alimentarios. Este descuido suele estar relacionado con carencias o problemáticas emocionales de las cuales normalmente no son conscientes. Es usual encontrar que a través del cúmulo de capas de grasa en el cuerpo se desplaza un conflicto de naturaleza emocional.

En este sentido, se ha encontrado en el espacio psicoterapéutico que hay obesos que comen para:

- Calmar la tensión.
- Expresar enojo.
- Crear una identidad.
- Apaciguar la frustración.
- Esquivar el sufrimiento.
- Obtener una sensación de calma.
- Llenar un vacío afectivo.
- Protegerse.

Vigorexia

La vigorexia es una psicopatología relativamente nueva. Se caracteriza por la presencia de una preocupación obsesiva por el físico, por una distorsión del esquema corporal que lleva de manera compulsiva al individuo a realizar ejercicio físico y dietas para mejorar su aspecto corporal, ya que existe una sobreestimación de los beneficios psicológicos y sociales de tener un cuerpo "perfectamente contorneado o musculado".

Se cree que se origina debido a los cánones estéticos potenciados a través de los medios de comunicación, que al mostrar las imágenes de hombres y mujeres con cuerpos prácticamente inalcanzables, generan ideales de belleza que, al ser comparados con el propio cuerpo, no dejan sino la autoimagen de un individuo débil que carece de atractivo.

Los vigoréxicos buscan alcanzar el "cuerpo perfecto" a costa de cualquier sacrificio, no dudan en pasar horas de entrenamiento y se someten a programas nutricionales y al consumo de esteroides y anabólicos.

El problema se manifiesta en una distorsión de la imagen corporal, ya que a pesar de presentar un cuerpo con un exagerado desarrollo muscular, se siguen viendo como débiles.

Las diferencias que la vigorexia mantiene con la anorexia nerviosa consisten en que la imagen corporal en la anorexia es de obesidad, mientras que en la vigorexia es de debilidad, aunque en algunos casos existe la imagen de obesidad; en las mujeres es más frecuente la anorexia, mientras que la vigorexia es una problemática que padecen más los hombres. Y, por último, mientras que en la anoréxica se hace uso de laxantes y diuréticos, en la vigorexia se usan anabólicos y esteroides.

Esta enfermedad puede llegar a ser mortal debido a un aumento de tamaño del músculo del corazón y a una correspondiente falta de irrigación sanguínea.

En los trastornos de la conducta alimentaria, la vida del adolescente gira en torno al control alimentario, ya que establece una identidad estrechamente relacionada con la apariencia física y la estética corporal a través de la cual busca obtener mayor seguridad y confianza en sí mismo.

Con frecuencia tienen importantes dificultades en el reconocimiento y la expresión adecuada de su experiencia afectiva, lo que se manifiesta a través de inestabilidad emocional, miedos, obsesiones, angustias, rigideces, oposicionismo, compulsiones, aislamiento, oscilaciones significativas en el estado de ánimo, tristeza, fragilidad, victimización.

¿Qué pueden hacer los padres?

Pedir ayuda a los especialistas en el problema. Por lo general, los trastornos de la conducta alimentaria son abordados por un grupo de médicos especialistas, nutriólogos y psicoterapeutas, según el grado de avance y el nivel de gravedad del problema.

Y para prevenir, observar la manera en que nuestros hijos metabolizan y expresan las experiencias afectivas y la forma en que enfrentan el estrés y sus problemas. Un foco rojo es cuando apaciguan su ansiedad comiendo, dejando de comer o teniendo oscilaciones entre atracones y ayunos; quitar las presiones familiares para adelgazar y cuestionar el valor de la delgadez, la estética y la belleza en la familia; replantear el valor que en la familia le dan a la "comida buena". En ocasiones existe una sobrevaloración de la comida sana, *light*, natural y orgánica. Hay que recordar que no hay comida buena o mala; hay ingestas y hábitos alimentarios poco integrales. Muchas veces, el verdadero alimento chatarra es el que está en la cabeza, en los valores y las expectativas estéticas de los propios padres.

También es necesario dejar de reforzar las dietas perpetuas y las pautas alimenticias inadecuadas a partir del ejemplo que les damos.

Sexualidad y embarazo adolescente

La sexualidad es una parte integral en nuestras vidas, desde el nacimiento hasta la muerte. Para los adolescentes, hacerse cargo de su emergente sexualidad es parte del proceso natural de transformación en adulto.

El ímpetu que caracteriza a la adolescencia, además de sus expresos beneficios, también puede llegar a representar un factor de riesgo para su bienestar y su salud sexual y reproductiva, dado que en esta etapa la sexualidad toma un rol protagónico en el desarrollo psicoevolutivo que no es tan armónico como se quisiera; esto significa que generalmente los adolescentes adquieren la capacidad de procrear antes de alcanzar la madurez emocional. Este desencuentro entre lo biológico y lo psicológico muchas veces es responsable de que las decisiones en el espacio de la sexualidad no siempre respondan a un proceso de análisis reflexivo en torno del verdadero motivo que las promueve, y a las consecuencias que pueden acarrear. Esto significa que es frecuente que los adolescentes que comienzan a tener experiencias en el campo de la sexualidad no cuenten con las herramientas suficientes para asumir comportamientos sexuales responsables, y prevenir y enfrentar los riesgos que implica una vida sexual activa.

La sexualidad constituye para nuestros hijos adolescentes uno de los temas de preocupación más importantes; porque encuentra que sus inquietudes acerca de ella se plantean en un escenario plagado de cuestiones complejas: los padres por un lado, suelen otorgar ciertas libertades a los jóvenes en la toma de decisiones; pero la realidad es que los adolescentes perciben los miedos de sus padres respecto de las consecuencias de lo que ellos deciden.

En este sentido, hoy los jóvenes tienen mayor libertad para la elección de sus parejas y cuentan con mayor acceso a la información sobre la sexualidad y de los cuidados de prevención de la salud sexual; sin embargo, en el ámbito social, en el terreno en el que transcurre la vida del adolescente, todavía existen los prejuicios y el tabú respecto del ejercicio de la sexualidad y del placer.

El adolescente descubre que debe empezar a definir gustos, intereses y preferencias en relación con la construcción de su mundo afectivo-sexual. Las principales decisiones que deberá tomar serán con respecto a sus relaciones de pareja, sean formales, informales, de noviazgo o aquellas que lo llevarán al ejercicio de su sexualidad. Con seguridad, todos aquellos temas relacionados con las toma de decisiones que los afecta y compromete afectiva y físicamente les generará ansiedad e incluso confusión.

La apariencia física, así como las nuevas sensaciones, constituyen experiencias claves en el desarrollo del autoconcepto del adolescente. Cuando inicia el juego de las primeras atracciones, operan ciertas incertidumbres alrededor de quién soy, quién me gusta, a quién le gusto, cómo me gustaría que fuera mi pareja, hasta dónde quiero llegar para sentirme cómodo conmigo mismo.

Las decisiones respecto de la iniciación en las relaciones sexuales entrañan muchos temores, ya que es usual no sentirse seguros de cuál es el momento adecuado para tener la primera relación sexual. Lo cierto es que no hay una receta, ni una edad determinada, pero sí hay principios que pueden ayudar a nuestros hijos adolescentes a tomar la mejor decisión.

De acuerdo con el Programa Salud Sexual y Reproductiva UNFPA (2011), existe una serie de principios en relación con la sexualidad que los padres debemos comunicar a nuestros hijos:

- La relación sexual debe ser gozosa y enriquecedora y no originar ninguna clase de daño: ni a ti, ni a tu pareja, ni a cualquier otra persona.
- Las relaciones sexuales solamente deben iniciarse cuando ambos tienen:
  - La capacidad de asumir las consecuencias.
  - La seguridad de que tú y tu pareja lo desean.
  - La seguridad de que se hace para compartir en igualdad de condiciones y no para complacer a la pareja o por mantener la relación amorosa.
  - La seguridad de que ambos están sanos, esto es, que no tienen una infección de transmisión sexual, incluido el VIH y el sida.
  - La seguridad de que si hubiera un embarazo van a asumir las consecuencias juntos
  - Seguridad afectiva y física de que ambos se deben al compartir esta dimensión en su vida.

Romper con los mitos y las presiones

"Si tienes relaciones sexuales, serás más popular".

"Si no tienes relaciones sexuales la gente pensará que eres homosexual".

"Todos tienen relaciones sexuales. Tú también deberías tenerlas".

"Debes tener tu primera relación sexual para saber qué es eso".

"No hay una buena razón para posponer las relaciones sexuales".

"Deberías tenerlas ahora".

"Si realmente me amaras, tendrías relaciones sexuales conmigo".

Cómo decir no a las relaciones sexuales cuando no quieres tenerlas

"No, sí te quiero pero no estoy preparado/a para tener relaciones sexuales".

"No, si me amaras te importaría lo que es conveniente para mí".

"No, si tenemos relaciones sexuales ahora correríamos el riesgo de un embarazo no planificado o de tener una infección".

"No, hay otras formas de demostrar que nos amamos. Hablemos de ellas".

"No, sí me importas, pero también me importa lo que me pase a mí. Quiero esperar".

Embarazo adolescente

El embarazo que ocurre durante la adolescencia también se llama embarazo precoz o temprano, porque tiene lugar antes de la finalización de esta etapa; es decir, antes de los 18 años, aproximadamente, cuando la madre aún carece de la suficiente madurez biológica y emocional requerida para asumir de manera plena y responsable la maternidad.

El embarazo en adolescentes acarrea muchos riesgos de salud; por ejemplo, entre 10 y 14 años de edad tienen cinco veces más probabilidades de morir por causa del embarazo o del parto que las mujeres de 20 a 24 años; existe mayor probabilidad de abortos, y con frecuencia aparecen estados emocionales de angustia y depresión. Por otro lado, las adolescentes que son madres tienen más probabilidades de abandonar los estudios y sacrificar sus planes de vida.

Con respecto a los factores de riesgo asociados al embarazo adolescente, y de acuerdo con el Fondo de Población para las Naciones Unidas, se ha logrado identificar una gran variedad que es posible agrupar en tres categorías:

1) Factores individuales: menarca precoz, bajo nivel de aspiraciones académicas, impulsividad, ideas de omnipotencia y adhesión a creencias y tabúes que condenan la regulación de la fecundidad y la poca habilidad de planificación familiar.

2) Factores de riesgo familiares: disfunción familiar, antecedentes de madre o hermana embarazada en la adolescencia, pérdida de figuras significativas y baja escolaridad de los padres.

3) Factores de riesgo sociales: bajo nivel socioeconómico, hacinamiento, estrés, delincuencia, alcoholismo, trabajo no calificado, vivir en un área rural, ingreso precoz a la fuerza de trabajo, mitos y tabúes sobre la sexualidad, marginación social y predominio del "amor romántico" en las relaciones sentimentales de los adolescentes.

Ahora bien, entre las complicaciones psicosociales para las madres adolescentes se encuentran las siguientes:

1) La deserción escolar. Generalmente las adolescentes se quedan con una baja escolaridad y tienen serias dificultades para reinsertarse al sistema escolar después del parto.

2) Además, deben asumir una multiplicidad de roles de adultos, en especial la maternidad, para los cuales no están psicológicamente maduras, ya que siguen siendo unas niñas cognitiva, afectiva y económicamente, lo cual se agudiza aún más en el caso de la primera adolescencia.

3) La maternidad adolescente reduce a la mitad la probabilidad de que la joven viva con el padre de su hijo o en el seno de una familia nuclear durante el quinto año después del nacimiento de su primer hijo. La probabilidad de que el padre biológico del hijo provea apoyo financiero en forma constante o esporádica al hijo de una madre adolescente es la mitad de la observada en una madre adulta.

4) La aparición de un embarazo en la familia de una adolescente obliga a la reestructuración de las funciones de sus miembros, lo cual requiere la movilización del sistema para reencontrar el equilibrio familiar que, inicialmente, puede ser rechazado y crear frustración.

Las causas externas por las que se puede embarazar una adolescente

- Vivir en un contexto familiar, escolar o social en el que los embarazos durante la adolescencia son comunes y se viven como algo natural.
- Existe poca o inadecuada educación en torno de la sexualidad.
- Prevalecen mitos y vergüenza ante el uso de anticonceptivos.
- Se siguen modelos sociales que transmiten la creencia de que la mujer debe complacer sexualmente al hombre, y que ésa es una manera de conservar la relación.
- Existe la creencia de que la mujer debe ser madre para tener algo propio, para valorarse a sí misma o para ser valorada en su familia o comunidad.

Las razones inconscientes del embarazo adolescente

- Escape de familias con problemas.
- Sentimiento de omnipotencia característico de la adolescencia: "A mí no me pasa lo que le pasó a mi amiga".
- Necesidad de tener hijos para probar la feminidad o la hombría.
- Muchas veces se identifica como una vía de crecimiento y acceso al mundo adulto; de esta manera las adolescentes embarazadas quedarían ubicadas como "pares" por los adultos que las rodean.
- El embarazo como regresión y reedición de la relación infantil con la propia madre. Aquí la maternidad representaría la prolongación de la propia infancia, donde ésta otorga a la madre otro niño para mantener el vínculo, apareciendo indiferenciados los roles madre-hijo; la madre deviene en una especie de hermana del hijo, pero sobre todo de hijos de su madre.
- El embarazo como una forma de revalorar y encontrar un lugar en el contexto social y familiar.
- El embarazo como acto de trasgresión en tanto que visibiliza con su contundencia la norma social que no acepta la vida sexual activa de la mujer de la misma manera en que se hace con el hombre.

Aborto

Los adolescentes llegan a ser fértiles cuatro o cinco años antes de ser emocionalmente maduros; el embarazo, el aborto, la maternidad y la paternidad en la adolescencia son eventos que los jóvenes deberían posponer hasta la edad adulta. Sin embargo, perseguir y condenar el aborto sin valorar la situación real que viven nuestros hijos suele complicar aún más el difícil momento que ellos viven.

Generalmente, los papás no estamos preparados para afrontar el hecho de que nuestra hija adolescente esté embarazada, o de que nuestro hijo embarazó a una jovencita. Y en ocasiones podemos enojarnos o decepcionarnos tanto que nuestro juicio llega a obnubilarse, situación que nos lleva a actuar de manera irracional.

En nuestra consulta nos ha tocado trabajar con adolescentes cuyos padres, cegados por la ira, la confusión o el temor frente al embarazo, en lugar de apoyar, comprender, respetar y contenerlos emocionalmente, terminan presionando u obligando a sus hijos a tomar decisiones que pueden dejarles secuelas emocionales muy profundas.

Frente al embarazo adolescente, los padres debemos, en primer lugar, aprender a contender con la emociones propias que nos provoca la situación de nuestros hijos; en segundo lugar, tenemos que renunciar a la tentación de imponerles nuestra voluntad, ya que se trata de una decisión de vida, de una vida que no es la nuestra; en tercer lugar, debemos brindarles opciones y nunca ponerlos entre la espada y la pared; en cuarto lugar, tenemos que informarnos y luchar en contra de los mitos, los prejuicios y las leyendas urbanas (en pocas palabras: combatir la ignorancia que envuelve a un tema tan polémico), y en quinto lugar, buscar apoyo para que nuestros adolescentes reciban psicoterapia por parte de un especialista, y, en caso de que nos sintamos impactados emocionalmente, nosotros también.

Cuando una adolescente queda embarazada de forma no planeada, se sugiere ser cuidadosos y empáticos, comprender que ella se encuentra en momentos de mucha vulnerabilidad, y hacerle saber que cuenta con nuestro apoyo, y brindárselo genuinamente.

Muchas veces nuestro apoyo consistirá en facilitarles nuestro Yo, es decir, que se puedan apuntalar en nuestra racionalidad, en nuestro principio de realidad, en nuestro control de los impulsos. En fin, debemos ayudarlos a enfrentar este proceso con una sensatez que también puedan hacer suya.

Para ello, es necesario plantear con sensibilidad a nuestros hijos las diferentes opciones que pueden tener, a pesar de que alguna de éstas vaya en contra de nuestros principios o de nuestros deseos. Sin embargo, es muy importante subrayar que la decisión de la chica adolescente con respecto a su derecho a interrumpir o no su embarazo deberá ser respetada en todos los casos.

Así, frente al embarazo las adolescentes cuentan con las siguientes opciones:

1) Interrumpir el embarazo.

2) Formar un hogar con su pareja, casados o no.

3) Quedarse con su hijo como madre soltera, en el supuesto de que el padre biológico no quiera asumir su paternidad.

4) Ceder al bebé en adopción.

Las investigaciones dan cuenta de que existe una gran influencia familiar en las adolescentes frente a la decisión de abortar, y señalan que las principales razones en las que se basa su decisión para efectuarse un aborto es la falta de recursos para hacerse cargo del bebé, el deseo de no interrumpir los estudios, y sentir que aún no están preparadas para asumir la maternidad; sin embargo, hay otros factores de gran peso como los riesgos físicos que conlleva un embarazo temprano, los estigmas sociales que existen para las madres solteras, y las presiones de la pareja, entre otros.

Existe la idea de que, frente al embarazo de su pareja, los hombres adolescentes suelen ser irresponsables; evaden, no apoyan, se les hace fácil desentenderse del problema, imponen o presionan, y lamentablemente hemos sido testigos de muchas historias de abandono, pero también de chantaje; sin embargo, hay muchas experiencias de jóvenes que a pesar de sus miedos sienten responsabilidad y compromiso, y que sin presionar acompañan y apoyan a su pareja en todos los aspectos. En este sentido, es importante que los padres impulsemos el sentido de compromiso en nuestros hijos varones frente a una situación en la que él también es responsable.

Las estadísticas indican que en general las adolescentes que deciden abortar no le comunican su decisión a sus padres. Los elementos como el miedo, la culpa, la desconfianza y la vergüenza frente a los padres, así como un ambiente familiar rígido, persecutorio y conservador, provocan que muchas adolescentes no acudan a sus padres en busca de ayuda. Pero, por otro lado, para tranquilidad de nuestros lectores, también se puede deber a la construcción de la autonomía; para comprender este punto y evitar que en automático aparezcan las culpas, el enojo o las recriminaciones, recordemos que una de las tareas de la adolescencia es construir un proceso de autonomía de los padres a partir de defender sus espacios de intimidad y privacidad, así como la libertad para ejercer sus derechos sexuales y reproductivos, y finalmente tomar decisiones con respecto a su cuerpo y a su vida, al margen de nosotros sus padres.

La falta de comunicación con nuestros hijos, la ausencia de un adulto confiable capaz de apoyarlos y acompañarlos, o la confusión, el miedo y la fragilidad emocional de una adolescente que niega el problema o se queda paralizada, ha motivado en muchos casos serios problemas, entre los cuales se encuentran el retardo de la realización de la interrupción del embarazo, que incrementa a su vez los riesgos del aborto, el nacimiento de un hijo no deseado, o problemáticas que comprometen la integridad física y emocional de la adolescente o inclusive su vida, como en los lamentables casos del suicidio por sentir que no tenían alternativas, apoyo, ni recursos emocionales para enfrentar el problema.

Combatiendo la ignorancia
(los mitos, los prejuicios y las leyendas urbanas)

El aborto se define como la interrupción del embarazo de manera espontánea o provocada si se efectúa en una época en la que el feto no puede vivir aún fuera del seno materno. La palabra aborto proviene del latín *abortus*, que significa privación del nacimiento. Por ello, desde el punto de vista médico, significa la expulsión prematura del útero de los productos de la concepción. Hoy en nuestro país, más que referirnos al aborto, se empieza a manejar el concepto de interrupción legal del embarazo.

Actualmente, en más de 75% de los países del mundo está aceptado el aborto por voluntad de la mujer, y desde 2007 en la Ciudad de México se aprobó una ley que despenaliza el aborto realizado durante las primeras 12 semanas de gestación. Este hecho ha reducido de manera significativa los riesgos de mortalidad materna para todas las mujeres mexicanas, ya que aunque la adolescente viva en el interior del país tiene derecho a que en la Ciudad de México se le realice el procedimiento de interrupción del embarazo.

De acuerdo con la Organización Mundial de la Salud,[20] cada día mueren unas 800 mujeres por causas prevenibles relacionadas con el embarazo y el parto, y en comparación con las mujeres de más edad, las adolescentes corren mayor riesgo de complicaciones y muerte, a consecuencia del embarazo. Se estima que cada año se realizan 22 millones de abortos en forma insegura, lo que produce la muerte de alrededor de 47 000 mujeres, y discapacidades en otras cinco millones de mujeres.

Cuando la adolescente piensa abortar, es muy importante determinar la edad gestacional, ya que se trata de un factor crítico en la selección del método de aborto más apropiado. Los riesgos asociados con el aborto inducido, a pesar de ser mínimos cuando se lleva a cabo adecuadamente, aumentan con la duración del embarazo.

Es muy importante brindar a la adolescente información completa, clara y fácil de comprender sobre el procedimiento, y sobre qué esperar durante y después, y así ayudarla a tomar una decisión con base en su consentimiento voluntario. En este sentido, el asesoramiento y la información son muy importantes para que nuestra hija considere sus opciones, y asegurarse de que pueda tomar una decisión sin ningún tipo de presión. Este asesoramiento siempre debe ser voluntario, confidencial, imparcial y brindado por una persona capacitada.

A nuestra hija se le debe dar tiempo para tomar su decisión, aun cuando esto signifique que deberá volver al consultorio o a la clínica posteriormente. Sin embargo, se debe explicar la ventaja de un aborto en una edad gestacional temprana.

Una vez que nuestra hija adolescente tomó una decisión, se le debe realizar el aborto tan pronto como sea posible, ya que una interrupción legal del embarazo en la Ciudad de México, y hasta las 12 semanas de gestación, genera condiciones de mayor seguridad, lo que hace un procedimiento 10 veces más seguro que un parto normal. Un aborto que se practica en condiciones óptimas y por personal capacitado no tiene ninguna implicación física para futuros embarazos, ya que no afecta la fertilidad de una mujer; sin embargo, no hay que olvidar que también es muy importante preservar la integridad emocional de la adolescente, por lo que es altamente recomendable el trabajo psicoterapéutico de ella para la elaboración psíquica de esta experiencia.

La información mínima que nuestra hija adolescente debe recibir incluye lo siguiente:

- El método de interrupción del embarazo indicado en su caso y en qué consiste.
- Lo que va a sentir.
- Cuánto puede durar el proceso.
- Qué tipo de manejo del dolor se le ofrecerá.
- Los riesgos y las complicaciones asociadas con el método de aborto.
- Cuándo podrá retomar su actividad normal, incluidas las relaciones sexuales.
- Sus opciones anticonceptivas, y tener claridad de

que la ovulación puede retornar dos semanas después del aborto, lo que la pone en riesgo de embarazo, a menos que utilice un método anticonceptivo eficaz.

Los métodos de interrupción del embarazo

El método de interrupción del embarazo con medicamento es un tratamiento profesional de fármacos que únicamente se da bajo prescripción y supervisión médica, y que ha sido reconocido por la comunidad médica internacional como el método de interrupción del embarazo más seguro y de alta efectividad (95%), cuando se trata de hacerlo durante las primeras nueve semanas de gestación.

Cuando se trata de embarazos de 12 a 14 semanas de gestación, se utiliza el método médico a partir de medicamentos, o el quirúrgico a través de la aspiración de vacío manual o eléctrica.

Se han llevado a cabo estudios sobre la salud mental de las mujeres después de un aborto, y se ha comprobado que el alivio es la emoción más frecuente después de interrumpir voluntariamente un embarazo. También es común que la adolescente que se sometió a una práctica de interrupción de su embarazo, en el momento del procedimiento se sienta nerviosa, confundida, angustiada y después pueda sentirse ansiosa y triste. En ese caso, es importante recomendarle hablar sobre estos sentimientos con alguien a quien le tenga confianza, y si persisten, acudir a psicoterapia.

Información importante para los padres

- El asesoramiento y la información son muy importantes para que nuestra hija considere sus opciones y se asegure de que pueda tomar una decisión sin ningún tipo de presión.
- Este asesoría siempre debe ser voluntaria, confidencial, imparcial y brindada por una persona capacitada.
- Un aborto con medicamentos se puede empezar en cuanto la adolescente se entera de que está embarazada.
- Si viven en provincia, su hija tiene derecho a usar los servicios de interrupción legal del embarazo que brinda la Secretaría de Salud del Distrito Federal.
- Un aborto se realiza siempre bajo supervisión médica, y se puede hacer de dos maneras: tomando píldoras abortivas o a través de procedimientos quirúrgicos realizados en una clínica u hospital. Cuanto más temprano en el embarazo se realiza, más seguro es un aborto.
- Si la interrupción del embarazo es una opción para la adolescente, es importante informarse más sobre este procedimiento. Algunas páginas donde pueden obtener información son las siguientes:
  - Secretaría de Salud del Distrito Federal: www.salud.df.gob.mx.
  - Instituto Nacional de las Mujeres (Inmujer): www.inmujer.gob.mx.
  - Gire: www.gire.org.mx.
  - Mexfam: www.mexfam.org.mx.

El adolescente con bajo rendimiento académico o en riesgo de abandonar la escuela

Muchas son las razones que nos llevan a pensar en la importancia que tiene la escuela para un adolescente, pero lo cierto es que, por lo general, la escuela es un factor de protección psicosocial.

Primeramente tenemos que reconocer que todos los países, para lograr mejores niveles de desarrollo, requieren una población con acceso a la educación, ya que es en el espacio de la escuela donde niños y jóvenes pueden acceder de manera natural a experiencias de desarrollo que les permitan adquirir herramientas para construir un futuro con mayor bienestar.

Asimismo, una adecuada educación está asociada con mayores niveles de salud y de ingreso económico, así como de bienestar personal y social. La escuela brinda al adolescente la oportunidad de adquirir conocimientos y desarrollar habilidades tanto académicas como socioafectivas, y los prepara para enfrentar múltiples desafíos. El sentimiento de logro, de confianza, de identidad y de pertenencia que los adolescentes adquieren en la escuela son factores que apuntalan su desarrollo emocional.

Cada adolescente tiene diferentes características de personalidad, de carácter y de temperamento, que se expresan a través de sus particularidades emocionales, cognitivas y de conducta. En este sentido, la escuela brinda un tipo de enseñanza para estudiantes promedio y, por lo general, no lidia ni atiende las particularidades, por lo que un adolescente que se aleja del promedio estará en riesgo de fracaso escolar. Hay muchas maneras de nombrar el problema: adolescentes con trastorno por déficit de atención con hiperactividad o sin ella, dislexia, retraso madurativo, trastorno del desarrollo, emocional o del aprendizaje; adolescentes con trastorno desafiante, oposicionista, depresivo, entre una infinidad de categorías diagnósticas que pueden dar cuenta del bajo rendimiento o del abandono escolar.

De acuerdo con diversas investigaciones, el común denominador de los adolescentes que manifiestan bajo rendimiento escolar tiene que ver con que el joven, de una forma u otra, lidia con problemas emocionales, conductuales o sociales, por lo que a menudo puede presentar algunas de las siguientes síntomas: déficit en las habilidades de socialización, pobre autoconcepto, dependencia, sentimientos de soledad, conducta disruptiva, hiperactividad, dificultad para concentrarse, e impulsividad.

En síntesis, los adolescentes que presentan este tipo de problemáticas, independientemente de la categoría diagnóstica, en general tienden a manifestar alteraciones en su desarrollo emocional o cognitivo que pueden ser desde muy leves o llegar a ser muy graves, dependiendo de la duración del problema, así como de la frecuencia o intensidad del mismo.

Lo cierto es que para cualquier padre representa un motivo de gran preocupación que su hijo presente esta problemática, pero cuando por alguna razón esta situación no se aborda, no sólo genera problemas de aprendizaje sino que también se extiende al ámbito de la autoestima y la convivencia. Los padres preocupados empiezan a generar sentimientos de impotencia, frustración y enojo cuando perciben en sus hijos la amenaza de abandonar o ser expulsados de la escuela, o cuando observan el poco interés, las conductas problemáticas o el bajo desempeño en la escuela.

En ocasiones, las dificultades en el aprendizaje muchas veces tienen que ver con trastornos que pueden afectar la adquisición, organización, retención, comprensión y uso de la información verbal y no verbal. Con frecuencia estos problemas se deben a factores neurológicos que alteran el funcionamiento cerebral hasta el punto de afectar algunos procesos de aprendizaje.

A menudo estos adolescentes tienen una inteligencia media o superior, pero existe un desfase entre esa habilidad y sus logros académicos

Otra de las razones para que un adolescente exprese este tipo de síntomas es cuando de origen existen problemas emocionales; es decir, se trata de los adolescentes que en la escuela presentan respuestas conductuales o emocionales diferentes a las esperables o poco adaptativas, por lo que éstas son desproporcionadas o están muy por debajo de lo esperable; principalmente porque no son las respuestas propias de la edad, ni están en consonancia con las normas sociales, culturales o éticas de su contexto, y esta situación les impide obtener avances y logros significativos en la escuela.

Diversos autores que estudian el desarrollo de la niñez y la adolescencia han establecido dos categorías muy generales para explicar los problemas emocionales: los desórdenes de interiorización y de exteriorización, que nos pueden dar una pista para comprender lo que le pasa a nuestro hijo adolescente y algunas problemáticas en la escuela.

Los desórdenes de interiorización agrupan características como la ansiedad, la timidez, la inhibición, el retraimiento y la depresión, en los que claramente se observan importantes obstáculos para desplegar la inteligencia emocional del adolescente. Sus problemas tienen que ver con una dificultad para regular sus emociones, pero de manera particular para lidiar y hacerse cargo de la expresión y el manejo de la agresión. Por eso se encuentra a adolescentes focalizados en la tristeza y sin ánimos, deseos o motivación para atender las tareas escolares.

Por otro lado, están los desórdenes de exteriorización, que incluyen conductas que van desde la desobediencia, el oposicionismo, el berrinche o el desafío, hasta la destructividad y el gusto por victimizar a los compañeros o maestros. En estos desórdenes de la conducta se encuentran los adolescentes con baja tolerancia a la frustración y bajo control de impulsos, así como importantes dificultades para manejar el enojo y la agresión.

Lo cierto es que un factor que puede ayudar al adolescente a subsanar este tipo de problemas es la construcción de competencias emocionales y sociales a partir del desarrollo de habilidades para percibir, responder, generar, comprender y manejar las emociones, así como su interrelación con los pensamientos y las conductas. Esta facultad se les atribuye a las personas que construyen su vida emocional y establecen sus objetivos de vida y su conducta sobre ideas, pensamientos y creencias correctamente fundamentadas. Esta situación les permite manejar las tareas cotidianas como el aprender, establecer relaciones interpersonales y sociales, resolver los problemas de cada día y adaptarse a las complejas exigencias del crecimiento.

Los adolescentes que poseen un adecuado nivel de competencia emocional comprenden tanto sus emociones como las de los demás; las expresan en forma adecuada y pueden regularlas. Por lo tanto, la fortaleza y la debilidad en inteligencia emocional en los estudiantes pueden predecir su éxito en las interacciones sociales y en otros ámbitos como el rendimiento escolar, en particular cuando las circunstancias requieren el manejo de las emociones o adecuadas relaciones sociales.

Las autolesiones (*cutting*)

Los jóvenes que se autolesionan suelen tener graves problemas emocionales; no se trata de una conducta que tiene por objeto llamar la atención de sus padres o sus amigos. Hablar de autolesiones es entender que estamos pisando un terreno complejo y de difícil manejo, por lo que es indispensable solicitar ayuda especializada.

Las autolesiones o *cutting* es una práctica que consiste en cortarse compulsivamente en algunas partes del cuerpo con objetos punzocortantes como una navaja, un *cutter*, un tenedor, llaves, un compás y demás objetos que producen pequeñas incisiones generalmente en brazos, piernas y estómago.

Las autolesiones muestran con claridad la existencia de un dolor emocional o de una tensión o angustia insoportable, pero también de una gran dificultad para identificar y expresar por otras vías esas emociones. Es en este punto donde el cuerpo funciona como un medio de expresión del dolor, la tensión y la angustia. Las autolesiones son una forma de comunicar algo a los otros, y de poner en el cuerpo el sufrimiento emocional.

Una característica de las autolesiones es que cortarse tiene que ver con desahogar algo, y que no tienen una intención suicida, aunque eso no elimina que la práctica pueda poner en riesgo la vida del adolescente.

Existen otras formas de autolesión más allá del *cutting* que tienen que ver con quemarse, golpearse, morderse, entre otras formas de conductas autodestructivas y que también están relacionadas con psicopatología y con la búsqueda de un equilibrio afectivo, así como con una forma de poner un freno frente a la dificultad de controlar los impulsos.

La autolesión se relaciona con estados emocionales intensos, alcanzando un estado máximo donde el adolescente siente que si no canaliza sus emociones, puede explotar. Sus orígenes pueden ser angustia, enojo, culpa, frustración, sensación de impotencia, etcétera, a los que le sigue un acto impulsivo que no da tiempo a la reflexión. Este acto, que requiere un muy preciso control en la incisión, resulta paradójico en relación con el descontrol impulsivo que le da origen; otra paradoja estriba en que su meta es terminar con el sufrimiento interno, aunque eso signifique atacar el propio cuerpo y padecer dolor físico. Los adolescentes que recurren a estas prácticas describen que cortarse les da la oportunidad de liberar los afectos intolerables, produciendo un alivio y una sensación de bienestar inmediato. Es evidente que este alivio es transitorio, ya que rápidamente aparecen fuertes sentimientos de culpa y vergüenza que inducen a esconder las lesiones y a no hablar de su problema.

Aunque resulte poco comprensible para un padre de familia, la autolesión, a pesar de todo lo que ya se planteó, también implica un mecanismo en el que el adolescente encuentra un mayor contacto consigo mismo y con el exterior, y una posibilidad de diferenciar el sí mismo del entorno y, por lo tanto, de tener un mejor juicio de la realidad.

Consejos

- Infórmate y profundiza en el tema de la autolesión.
- Muéstrate disponible y no evites hablar del problema.
- No amenaces, ni establezcan un ultimátum; recuerda que no se trata de un acto voluntario, ni una manera de llamar tu atención, y tampoco tiene que ver con sus ganas de hacerte la vida imposible.
- No exijas respuestas por parte de tu hijo. Generalmente las verdaderas razones del problema resultan confusas para el adolescente.
- Reconoce su dolor, sé comprensivo y busca ser empático. Hazle saber que entiendes que la autolesión es causada por un profundo y genuino dolor que —por el momento— no puede manejar de otra manera.
- No confisques los objetos punzocortantes; eliminarlos de tu casa no evita el problema. El problema no es el objeto; el problema lo tiene tu hijo.
- Busca ayuda profesional para tu hijo, y en caso de que el problema se agudice o no se resuelva busquen orientación, apoyo o, en su caso, una psicoterapia.

Estos casos requieren necesariamente ser tratados bajo un modelo de psicoterapia psicodinámica que ayude al adolescente a comprender la naturaleza profunda de sus conflictos, a encontrar nuevas formas de procesar el dolor emocional, así como a relacionarse más saludablemente consigo mismo y con los demás.

Depresión y suicidio

De acuerdo con el Instituto Nacional de Estadística y Geografía (Inegi)[21] la tendencia de suicidios consumados en el mundo ha ido en aumento y el caso de México no ha sido la excepción. Las últimas estadísticas de mortalidad en el país registraron que 80.6% de los suicidios fueron consumados por hombres y 19.4% correspondió a mujeres, lo que significa que ocurren cuatro suicidios de hombres por cada suicidio de una mujer.

En lo que se refiere a su evolución, se advierte que la tasa de suicidios presenta una tendencia creciente, pues en aproximadamente doce años la tasa se duplicó al pasar de 2.2 a 4.7 suicidios por cada 100 000 habitantes. Por sexo, la tasa de mortalidad por esta causa fue de 7.8 por cada 100 000 hombres, y de 1.8 suicidios por cada 100 000 mujeres. La OMS advierte que el suicidio provoca casi la mitad de las muertes violentas, lo que se traduce en cerca de un millón de víctimas al año.

La situación del suicidio en adolescentes es un fenómeno que va en aumento a nivel mundial, ya que al ser esta etapa de la vida un periodo vulnerable por los cambios físicos y psicológicos que los jóvenes presentan, se comienzan a experimentar y a enfrentar situaciones que en ocasiones pueden ser de riesgo para el bienestar, la salud y la vida del individuo. En este sentido, en México las principales causas de muerte en los adolescentes de 15 a 19 años de edad en 2012 fueron las agresiones (24.7%), accidentes de transporte (16.6%) y las lesiones autoinfligidas intencionalmente, suicidios (8.5%), situación especialmente preocupante, en tanto que son muertes prematuras y prevenibles.

El suicidio en adolescentes y jóvenes es una realidad cada vez más latente en el país; hace quince años, aproximadamente, se tenían reportes de suicidio de cuatro hombres y 1.4 mujeres por cada 100 mil adolescentes, en tanto que para 2012 fue de 10.5 hombres y 4.3 mujeres por cada 100 mil adolescentes.

Moses Laufer, en su libro *El adolescente suicida*, de 1998,[22] estipula ocho criterios que ayudan al adulto a considerar a un adolescente en riesgo de lastimarse a sí mismo de alguna forma. Estos factores los denomina "señales de peligro":

1) Que la regresión a formas infantiles de comportamiento sea tan fuerte que exista el peligro de abandonar el deseo o el esfuerzo por progresar a comportamientos más adultos.

2) Que el comportamiento del adolescente sea tan rígido que no se permita o no pueda permitirse una relajación temporal de las demandas que se hace a sí mismo.

3) Determinar si las relaciones sociales del adolescente le ayudan a mantener relaciones infantiles o favorecen su deseo de evolucionar hacia la edad adulta.

4) Se debe esperar que los amigos sean más importantes en la vida del adolescente que los padres, eso es lo normal.

5) Evaluar si el adolescente tiene la capacidad de expresar o experimentar sentimientos apropiados o hay una notable discrepancia entre un "suceso" y la forma en que el adolescente reacciona frente a él.

6) Observar si existe alguna interferencia en la capacidad del adolescente para juzgar y comparar reaccio-

nes del mundo externo con las "creaciones" de su propia mente.

7) Esclarecer la actitud del adolescente hacia el futuro: ¿lo considera como algo atractivo o algo atemorizante?

8) Evaluar si existen algunos tipos de ideas que dificultan seriamente la capacidad de funcionamiento del adolescente: ¿puede manejar diversas fantasías e ideas, aunque sean atemorizantes, sin abandonar el deseo de convertirse en adulto?

Es bastante normal que los adolescentes se sientan deprimidos a veces, quizás por sentimientos de soledad o de rechazo social, o por haber sido rechazados por la pareja, por sentirse feos o inadecuados con su aspecto, odiar a la escuela o a sus padres. Un momento podrán estar deprimidos y al siguiente estar de excelente ánimo y pensar que todo es perfecto.

Cuando la depresión permanece constante y afecta el funcionamiento total del adolescente, uno debe poner especial atención. El aislamiento social y la falta de actividades recreativas pueden ser señales de gravedad. El adolescente que parece haber abandonado su aspecto físico puede indicar que ha perdido la capacidad de cuidarse a sí mismo.

Lo anterior no por fuerza indica un riesgo suicida. "El suicidio parece indicar a un adolescente una forma específica de tratar con su agresión y con el miedo que le produce, porque es un ataque real de violencia física contra su propio cuerpo, incluso si la fantasía que lo acompaña lo presenta como un simplemente *irse a dormir*, como en una sobredosis."[23]

Es importante indicar que el suicidio es un acto de violencia que típicamente aparece primero en la adolescencia. Los niños deprimidos tienden a presentar fantasías de suicidio con pensamientos similares a "cuando esté muerto mis padres se arrepentirán de lo que me hicieron y me van a querer aún más". Sin embargo, en la infancia casi nunca se lleva a cabo el suicidio sino que el verdadero riesgo comienza con la adolescencia.[24]

El odio hacia uno mismo como persona o hacia su cuerpo también puede ir gestando ideas suicidas. Recordemos que el cuerpo tiene connotaciones estéticas pero también sexuales, y la culpa que sienten los adolescentes por ser "anormales" sexualmente es otro factor que puede desencadenar culpa y odio a sí mismos.

Aunque la agresión es un sentimiento presente y activo en todo ser humano, si ésta se ve sofocada en su expresión externa puede ser dirigida contra uno mismo, como una forma de paliar la culpa. Los sentimientos de culpa excesivos son muy difíciles de tolerar, y una salida posible es que el adolescente se lastime a sí mismo, o lastime a su cuerpo, como una forma de culparlo a él (a su cuerpo) de los pensamientos intolerables o de los sentimientos de culpa. Un adolescente en este estado puede caer en fuertes sentimientos de desvalimiento y desesperanza que crecerán exageradamente si no encuentra a quién acercarse y con quién hablarlo.

Más vale pecar de ser exagerados que perder entre los dedos la vida de un joven. En caso de cualquier duda o sospecha, no demoren en asesorarse con alguien especialista en el área de la salud mental.

NOSOTROS LOS PADRES: QUÉ NECESITAMOS SABER PARA COMUNICARNOS EFECTIVAMENTE CON NUESTROS HIJOS ADOLESCENTES

La familia posee una capacidad muy grande para la adaptación y el cambio, y al mismo tiempo para mantener su continuidad. Una familia saludable es aquella que tiene la capacidad para modificar y plantear nuevas reglas, normas, modos de relación, formas de lidiar con el conflicto y el estrés.

Si bien todas las familias pasan por crisis y momentos difíciles, cuando se trata de la llegada de la adolescencia algunas pueden llegar a quedarse paralizadas o atascadas.

Cuando en la familia se produce un problema, los padres y los hermanos inevitablemente responden algunas veces de forma positiva y otras de forma negativa. Por ejemplo, frente a un episodio como el hecho de que un hijo adolescente esté exponiéndose a situaciones de riesgo, la familia podrá experimentar momentos de inseguridad emocional, caos o estrés, pero se producirán transformaciones que la llevarán a adquirir nuevas pautas de organización que ayudarán a rescatar al hijo adolescente o, en otros casos, podrían contribuir a que se agudice el problema.

Es común que en esta etapa los padres transiten por algunas crisis matrimoniales, ya que no hay que olvidar que se enfrentan con diferentes desafíos: los abuelos se preparan para el retiro, o están enfermos y necesitan del apoyo de los padres; los padres pueden estar en la crisis de la "edad media", en la cual se reevalúan las metas y se cuestionan los logros alcanzados; se presenta una especie de duelo por aquellos proyectos e ideales que pudieron haber sido y ya no fueron; la relación de pareja puede vivir una redefinición que está impulsada por los cambios en la autonomía de los hijos y la emergencia de anhelos que habían sido postergados.

Lo cierto es que cada familia busca una especie de equilibrio dinámico; a esta condición los especialistas la denominamos *homeostasis*. Lo que busca la homeostasis es que se preserve la constancia y la estabilidad de las condiciones familiares, pero también que se desarrolle una tendencia natural a cambiar para adaptarse a nuevas experiencias y situaciones.

La homeostasis o los procesos de equilibrio y adaptación varían de una familia a otra, dependiendo del contexto, de las condiciones externas y de la etapa del ciclo vital en que se encuentre. Para mantener el equilibrio, cada familia se sostendrá en sus valores, reglas y normas que condicionarán las relaciones, tanto con el medio interno como con el externo. Frente a los estímulos internos que tengan un efecto desestabilizador, se ponen en juego una serie de mecanismos en aras de proteger el equilibrio familiar.

Por ejemplo, en una familia en la que la abuela materna cae enferma, es probable que el padre y los hijos mayores tengan que suplir el rol materno con los hijos menores; sin embargo, la tendencia natural de la familia a restablecer el equilibrio producirá conflictos orientados a hacer presión sobre el padre en cuanto a las funciones de suplencia del rol materno, y presión sobre la madre en cuanto a su regreso para ejercer el rol.

Las investigaciones en torno a la familia señalan que los adolescentes menos conflictivos tienen una mejor comunicación y empatía entre los miembros de su familia. Asimismo, lo que más estresa y preocupa a la familia generalmente es la mala organización de las tareas, la crispación afectiva, la falta de control y ciertos factores inesperados como pueden ser una enfermedad, un accidente o la muerte de un miembro de la familia.

¿Por qué los padres de los adolescentes entran en crisis?

Es importante tomar en cuenta que, con frecuencia, la crisis de los jóvenes está ligada a la crisis de la familia y, a la vez, la misma adolescencia provoca una crisis en la estructura familiar.

Para la familia, en especial para los padres, la adolescencia representa lo instintivo, lo posible y lo caótico, esto es, el lado negativo de lo que simbolizaba la vida de los padres en su infancia. Para el adolescente, estas vivencias parentales no coinciden con su realidad, pues de alguna forma él todavía actúa muchas de las características que le han sido adjudicadas por ellos.

Los padres, aun cuando ya se encuentran en la madurez, se ven obligados a revivir su propia adolescencia. Aquí es importante destacar la relación existente entre la manera en que los padres vivieron esta etapa, con las posibilidades para ajustarse y tolerar el proceso del hijo adolescente.

El adolescente se empieza a desprender de sus padres y con ellos se va también la juventud de éstos. El organismo de los padres también sufre cambios en sus funciones sexuales; de alguna manera, el potencial físico de éstos empieza a declinar y requiere de mayores cuidados de los que necesitaba en la juventud. Los hijos empiezan a florecer, se muestran atractivos, joviales, frescos, mientras el reloj biológico de los padres comienza a marcarles el paso hacia otra etapa de su proceso evolutivo. La adolescencia de los hijos pone en evidencia la pérdida de juventud de los padres, y muchos inician una dura batalla contra el tiempo, ya que se niegan a realizar las tres renuncias básicas:

1) Renuncia a la juventud propiamente dicha.
2) Renuncia a los hijos de la infancia.
3) Renuncia al "trono" absoluto que le otorga todo niño a sus padres.

El hijo niño por lo general encuentra en sus padres los ideales que le aseguran un lugar privilegiado dentro de su vida. Sin embargo, en la adolescencia normal los padres están sujetos necesariamente a una ruptura de esos ideales por parte de los hijos, y se requiere una renuncia a esta idealización.

Por otro lado, los padres se ven sujetos a contener y a tolerar en cierta medida los embates que todo adolescente hace con la finalidad de separarse de los padres y consolidar su propia identidad.

Los padres se ven confrontados en su capacidad de trabajo, en su fortaleza física, en su inteligencia y en los logros o fracasos a través de su vida. Los adolescentes empiezan a rivalizar, a competir y a desafiar las actitudes de sus padres, muchas veces cuestionando y poniendo en tela de juicio sus funciones ya que, como sabemos, para alcanzar la autonomía el adolescente tiende necesariamente a sacudir la autoridad de los mismos.

Los padres a su vez tienen que replantearse sus propios roles y evolucionar paulatinamente hacia una relación más equitativa con el hijo joven. El temor de los padres ante la adolescencia influirá en actitudes de rigidez, sobreprotección, poca flexibilidad en los límites y en las posturas que abren una brecha en la comunicación y en el aislamiento consecuente, entre el adolescente y los padres. La tarea implica desarrollar nuevos canales de comunicación y la posibilidad de flexibilizar los acuerdos, las normas y las reglas relacionadas con la convivencia familiar. El reto de los padres durante la adolescencia de sus hijos no consiste en cómo la van a controlar, sino en cómo mantener la cercanía y el respeto por el propio proceso de sus hijos.

Sandra y Gustavo son los padres de dos hijos varones, uno de 11 y un adolescente de 15 años. Sandra se encuentra sumamente angustiada y su esposo muy enojado. Carlos, el hijo mayor, ha tenido un comportamiento extraño:

Hasta hace poco era un muchacho con muy buen carácter y un hijo responsable, pero de un tiempo a la fecha se comunica lo mínimo indispensable con la familia, no tolera a su hermano con el que siempre se había llevado bien; sin embargo, está pegado el día entero a los amigos, el tiempo que pasa en casa parece molesto, como si le hubiéramos hecho algo. Hemos intentado platicar amistosamente con él y acercarnos, pero ha sido inútil. Últimamente no respeta los horarios de la casa, se ha comprado playeras extravagantes con calaveras y signos de muerte. El otro día, Gustavo le llamó la atención y eso bastó para que se encerrara dos días en su recámara y nos castigara sin dirigirnos la palabra. Sus notas escolares han disminuido considerablemente. Hemos tratado de entender que está en la crisis de la llamada adolescencia, pero esto nos sirve muy poco, porque en nada cambia lo que está sucediendo... Sabemos que si esto no lo paramos a tiempo puede terminar muy mal...

Después de un rato de narrarnos su problema con desesperación, se les pregunta: ¿y cómo se siente con esta situación?

En primer momento les cuesta trabajo hablar de ellos mismos, pues tienen perfectamente focalizado el problema en el hijo, lo cual ha provocado que con frecuencia dirijan sus reflexiones y sus conjeturas hacia él, y no hacia sí mismos. Sin embargo, después de que se les hace evidente esto, pueden empezar a describir un torrente de emociones que van desde el enojo, la confusión, el miedo y la impotencia, hasta la culpa y la ambivalencia de sentimientos.

En un segundo momento aparece la problemática de los padres; desde hace unos meses, Sandra ha tenido algunos trastornos hormonales que la han llevado a cambios de estados anímicos, y que se han visto exacerbados por la confusión que le provocan los problemas de la adolescencia de su hijo. Por su parte, Gustavo nos comenta sus temores, ya que él vivió una adolescencia muy conflictiva y no le gustaría que su hijo pasara por los mismos problemas que él. A raíz de los conflictos con Carlos, han tenido dificultades en ponerse de acuerdo en cuanto a los horarios y los permisos. Como pareja se han distanciado. De hecho, Sandra se siente muy insegura respecto de su marido, ya que percibe que de un tiempo a la fecha Gustavo pone un especial esmero en su persona que la lleva a desconfiar.

Toda esta gama de emociones que están viviendo Sandra y Gustavo nos hablan de algo que ha estado ahí durante algún tiempo: que a la crisis del adolescente corresponde o subyace la crisis de los padres, con una serie de síntomas o conductas complementarias a las del hijo adolescente.

Algunas problemáticas de los padres con los hijos adolescentes

- Una relación de dependencia emocional (hijo-padres, madre-hijo, padre-hija, etcétera).
- Una mala relación con su adolescente y que conlleva a relaciones agresivas.
- Dificultad para manejar nuestros miedos y ansiedades respecto de los riesgos que trae consigo la adolescencia.
- Necesidad de controlar la vida de los hijos adolescentes.

- Incapacidad para desprenderse de los núcleos sobre-protectores.
- Sentimiento de ser esclavo del hijo adolescente.
- Sentirse atrapados, sin capacidad de decisión, ni margen de maniobra.
- Sentimientos intensos de culpa por sentirse inadecuados como padres.
- Imposibilidad o parálisis para tomar decisiones asertivas.
- Dificultad para detectar señales de sobrecarga y solicitar ayuda.
- Dificultad para clarificar los sentimientos reales hacia nuestro hijo adolescente.
- Temor ante emociones no reconocidas ni socialmente aceptadas.
- Dificultad para hacer frente a problemas personales o de pareja que quedan silenciados o escondidos tras la situación, en primer plano, del cuidado y la atención al adolescente.
- Dificultades para hacer valer el criterio propio, tomar decisiones o exponer la situación personal para poder ser apoyado como padre o madre.
- Dificultad para promover la construcción de un autoconcepto sólido en nuestros hijos adolescentes.
- Incapacidad para hacer frente en forma constructiva a situaciones difíciles y de riesgo.

Ahora bien, con el fin de ir comprendiendo ciertos puntos sobre lo que le pasa al sistema familiar cuando los hijos llegan a la adolescencia, a continuación vamos a dar una serie de pistas que nos pueden orientar en este terreno.

Es frecuente que una familia con una estructura rígida —a la que le es difícil aceptar los cambios—, pero que tiene un buen nivel de funcionamiento en la etapa de los hijos pequeños, vivan la adolescencia de sus hijos con una profunda crisis; mientras que en una familia muy laxa y un tanto caótica, los adolescentes suelan tener múltiples problemáticas.

Los conflictos entre la pareja pueden aumentar cuando los padres han tenido dificultades para lograr acuerdos relacionados con la crianza de los hijos. Si el adolescente desafía las normas y pone en jaque la autoridad, la congruencia y la consistencia de las normas, pone al descubierto el conflicto de los padres.

Los hijos a los que les ha tocado hacer funciones de padre o madre de familia, o los hijos "parentalizados" —como decimos los especialistas— que han recibido tareas y responsabilidades familiares que no les corresponden en relación con su edad y su rol, también se ven obstaculizados en la posibilidad de alcanzar una autonomía y una identidad propia.

Los padres o las madres que han puesto en el rol de ser padres el eje central de su vida, de sus proyectos y, por ende, de su autoestima, se pueden ver muy afectados por la natural desidealización de sus hijos adolescentes, y sentirse furiosos, decepcionados y dolidos por sus descalificaciones, y atemorizados ante los límites y los derechos que ahora los hijos les reclaman.

Cuando el adolescente presenta conductas disruptivas, los problemas de los papás, o entre los papás, quedan en un segundo plano o, inclusive, en algunas familias pueden quedar sepultados. En este sentido, los problemas que acarrea a la familia un hijo adolescente suelen ser un distractor muy conveniente para que los papás *no* resuelvan sus propios asuntos; así, el adolescente puede empezar a desarrollar una serie de síntomas, de manera inconsciente, con el fin de ahorrar a los papás la penosa tarea de enfrentarse a situaciones dolorosas para la familia; por ejemplo, frente a la inminente separación de los padres, la hija se embaraza y esta situación mantiene a los padres unidos con el fin de dar protección a la hija y al nieto. Otro ejemplo es la manera en que un adolescente puede contribuir a ocultar el problema de alcoholismo del padre, o de depresión profunda de la madre, al empezar a ser asiduo consumidor de drogas.

Otra de las dificultades más habituales que tienen los padres de los adolescentes es que no toleran los intentos de separación y autonomía de los hijos. Estas familias están organizadas alrededor de ciertas creencias y de valores familiares, de tal manera que los adolescentes se convierten en una amenaza debido a sus naturales deseos de autonomía, al cuestionar los ideales, al juzgarlos y al construir un proyecto de vida diferente a las expectativas de los propios padres.

Los movimientos deseables del adolescente orientados hacia la independencia muchas veces son vividos como un peligro, por lo que los padres pueden reaccionar echando mano de mecanismos de defensa muy primitivos, como dejar confusa la identidad que el adolescente se va construyendo con comentarios como los siguientes: "Necesitas mucha independencia y libertad, pero mírate bien: no eres más que un niño desvalido; no sabes ni lo que quieres, ni lo que eres, y ya te las das de muy adulto; eres incapaz de tomar las más mínimas responsabilidad, y de afrontar un sólo problema; pero eso sí, quieres ser muy tú mismo; no te sabes ni limpiar los mocos, pero ya te crees mayor".

Lo cierto es que cada periodo de la vida requiere que se abandone algo de la comodidad y la seguridad anterior. El adolescente necesita prescindir de los privilegios de la niñez, y los padres, renunciar a los privilegios de ser los padres de un pequeño.

Por ejemplo, muchas veces la intensa relación entre una madre y su hijo obstaculiza la adolescencia; en este sentido, el hijo no puede transformarse en adolescente hasta que su madre se transforme en una esposa; a su vez, la madre no puede ejercer el rol de esposa, hasta que el marido la separe del hijo, y la madre no dejará ir a los hijos, hasta que el padre le ofrezca apoyo y ternura como esposo.

Sin embargo, a veces nos encontramos con familias rígidas o inflexibles, cuya capacidad adaptativa es baja; en éstas, por lo general, prevalece un estilo autoritario, en el que se ejerce mucho control y se imponen muchas limitaciones. Pero también están las familias caóticas, que se caracterizan por un liderazgo imprevisible e inconsistente, en las que se toman decisiones de manera impulsiva; por último, no podemos olvidar que también hay familias estructuradas y flexibles, en las que se construyen modelos de convivencia que dan cabida a la negociación, a la discusión, a la exposición de puntos de vista por parte de los padres y de los adolescentes. Esto abre la posibilidad de hacer cambios en los acuerdos, las normas y las reglas establecidas en la dinámica familiar cotidiana, con lo que se promueven mayores niveles de bienestar emocional.

Algunas reflexiones para los padres de familia

La convivencia en familia desencadena aprendizajes que ayudan a desarrollarnos y suponen la antesala de nuestro comportamiento social posterior. Sin embargo, existen múltiples factores de riesgo en el seno familiar que predisponen hacia conductas problema. Algunos ejemplos:

- La sobreprotección o exceso de protección por la angustia que sienten los padres ante unos hijos cada vez más autónomos: en el adolescente produce poca autonomía, irresponsabilidad, escaso sentido crítico y dificultad para tomar decisiones, ya que en todo momento va a necesitar la aprobación de sus progenitores. La sobreprotección puede presentar una seria dificultad para establecer relaciones con su grupo de amigos o hacerlo de forma dependiente.

- La falta de comunicación entendida no sólo como la dificultad para escuchar sino también para responder en forma adecuada por parte de los padres: la situación genera introversión, inseguridad y ansiedad en el adolescente, puesto que percibe que su mundo emocional es cuestionado de manera constante. Que el adolescente asuma esto como natural supondrá dependencia en las relaciones sociales, deseo de dominación, problemas de integración o excesiva subordinación al grupo, ya que necesitará ganar ese lugar que no encuentra en su familia.

- La dificultad para fijar límites, tanto por permisividad como por excesiva rigidez de los padres, resulta dañina para el adolescente, y aún más nociva es la oscilación entre ambos polos, sin un motivo definido. La permisividad acarrea dificultades para interiorizar normas debido a que la ausencia de ellas en el entorno familiar impedirá, al no comprender su necesidad social, la generalización a otros medios. La rigidez genera falta de flexibilidad en el cumplimiento de las normas o una tendencia a la transgresión de las mismas, además de condenar al adulto a una actividad permanente para poner normas en todo. La oscilación entre ambos extremos expone al adolescente a una situación de indefensión, en la que no sabe qué es lo que se espera de él. Esto se traduce en un liderazgo impositivo o en una inhibición para relacionarse, dos extremos desequilibrados y despersonalizantes que impiden que el adolescente se manifieste como realmente es.

- Situación familiar conflictiva. La relación conflictiva entre los padres produce cambios bruscos de comportamiento e incremento de la ansiedad en los hijos. Aunque el proceso evolutivo del adolescente le lleva a diferenciarse de su familia, ésta sigue siendo —aun por contraposición— la referencia central en su proceso de maduración. Una relación familiar conflictiva conlleva en el adolescente la dependencia del grupo, que así intenta conseguir su amparo o la dificultad para establecer relaciones grupales que eviten el compromiso relacional que tanto dolor le causa en su familia.

- Consumo excesivo de drogas o alcohol por parte de los padres. Una actitud permisiva, o el mismo consumo de sustancias tóxicas por los progenitores, pueden promover un aprendizaje por modelado y facilitar la incorporación del adolescente a grupos de consumidores.

- Sobreexigencia. Exceso de expectativas sobre el adolescente. El afán de que los hijos obtengan éxito y logren las mejores oportunidades puede ocultar a los padres las verdaderas capacidades, necesidades y deseos de sus hijos. La sobreexigencia favorece la falta de motivación y añade dificultades para aceptar los fracasos. En las relaciones sociales, podría implicar rivalidad porque el joven sometido a sobreexigencia tenderá a pensar que se es bueno si se es mejor que otro.

Por ello es necesario que los padres sean conscientes de la existencia de estos y otros riesgos, y que aprendan a manejarlos para poder prevenir conductas problemáticas futuras. El núcleo familiar actúa como agente preventivo:

- Transmitiendo valores y actitudes.
- Ofreciendo un clima afectivo de reconocimiento y aprobación, favorecedor de la estabilidad emocional.
- Incentivando el desarrollo de la autoestima y la valoración adecuada de sus cualidades.
- Enseñando límites y normas que favorecen el control y la tolerancia a la frustración.
- Asumiendo responsabilidades como parte del desarrollo madurativo.
- Fomentando en sus hijos la autonomía, haciendo que sean menos dependientes de la aprobación de los demás.
- Utilizando la comunicación como herramienta favorecedora del intercambio de sentimientos, emociones y experiencias.
- Desarrollando habilidades sociales facilitadoras de una integración social adecuada.

• Identificando gustos y aficiones, y utilizando adecuadamente el ocio y tiempo libre.

Las emociones que nos despiertan nuestros adolescentes

Conocer los efectos de las emociones que nos despiertan nuestros hijos adolescentes es una habilidad indispensable para desarrollar nuestra tarea de padres.

Nuestras emociones están influidas por una serie de componentes internos como nuestro temperamento y nuestro carácter que, aunados con las experiencias de toda la vida dan como resultado nuestra personalidad; también en las emociones influyen variables externas como nuestros vínculos, contexto familiar y laboral, las enfermedades, las oportunidades socioeconómicas, entre un sinfín de elementos.

Lo cierto es que nuestras emociones pueden impulsar nuestro desarrollo cuando aprendemos a reconocerlas y manejarlas asertivamente. En ocasiones se nos dificulta identificarlas, en particular aquellas emociones que nos resultan molestas o dolorosas, y por tanto tendemos a negarlas, reprimirlas u ocultarlas, o a no manejarlas propiciando que en ciertos momentos nos desborden.

En este sentido es muy importante darnos la oportunidad de ver nuestro interior e identificar aquellos *atorones* emocionales, de manera muy particular en esta etapa de nuestra vida, ya que nuestros adolescentes van a ser expertos en apretar ciertos botones y destapar los núcleos más profundos de aquellas emociones que no reconocemos o que no hemos trabajado lo suficiente.

La verdad es que cuando los padres de los adolescentes no tenemos trabajada esta parte de nuestra persona, nos va a ser muy difícil lidiar con los retos propios de esta etapa, y quizá el camino más sencillo sea recurrir a proyectar, a agigantar o a sentirnos desbordados por los problemas de nuestros hijos.

Pensemos lo siguiente: si uno de los problemas que tiene el adolescente es que eventualmente se siente desbordado por sus emociones, o que a veces no sabe reconocer en realidad lo que siente, o tiene dificultades para expresar lo que siente, ¿qué sucede cuando los padres cojean del mismo pie que su hijo?, ¿de qué manera los podríamos ayudar a encontrar un equilibrio y poco a poco una congruencia entre lo que piensan, sienten y hacen?

Por ello, los padres tienen que hacer sus propias tareas antes de pensar cómo ayudar a sus hijos adolescentes. Los buenos padres de los adolescentes tienen que empezar por entender su propio mundo afectivo.

Las emociones pueden generarnos sensaciones de bienestar o de malestar, pueden ser débiles o intensas, pueden tener un efecto en el corto o en el mediano plazo, o pueden acompañarnos a lo largo de nuestra vida, influyendo de manera definitiva.

Cuando se trata del aspecto afectivo de los padres de los adolescentes, necesitamos aprender a reconocer nuestras emociones, pero también aprender a aceptar que de cuando en cuando sentimos cosas por nuestro hijo que no nos gustaría sentir.

Las emociones y lo que cada persona siente no son buenas ni malas; simplemente *son*, porque son inherentes a nuestra condición de seres humanos; puesto en una frase, las emociones simplemente son y se sienten, aunque la manera en que cada persona actúe o se comporte por influencia de esas emociones sea otra cosa, ya que tanto los padres como nuestros hijos adolescentes somos responsables de lo que hacemos con lo que sentimos.

Por ejemplo, podemos sentirnos muy dolidos porque nuestro hijo no toma en cuenta nuestro punto de vista; en cambio, a los amigos les da toda la credibilidad. Sin embargo, eso no nos da el derecho de prohibirle ir a la fiesta con los amigos.

O pongámoslo del otro lado: nuestro hijo adolescente en muchos momentos de su vida siente que nos odia, lo cual es una emoción muy genuina de un adolescente hacia sus padres, pero eso no le da el derecho para venir a gritárnoslo en la cara, porque seguramente hoy puede sentir que nos odia, pero quizá la semana que entra sienta que también nos quiere mucho, y se va a sentir muy culpable, además de que nosotros, como su padre o madre, nos vamos a quedar muy dolidos.

Nosotros los padres, tanto como nuestros hijos, tenemos que aprender a que no todo lo que sentimos lo tenemos que gritar a los siete vientos; por ello no nada más es importante identificar y reconocer lo que sentimos, sino también aprender a metabolizar y a procesar nuestros afectos.

Laura, una paciente, se sorprendió cuando la cuestionamos: ¿cómo está eso de que tu hijo te grita a la cara: "Lo único que siento es repugnancia y pena por ti"? ¿Cómo es que se lo permites? ¿Por qué? Y ella nos contó que en un *taller de manejo de emociones* le habían dicho que era importante que la gente expresara sus emociones y que por esa razón ella le daba la oportunidad a su hijo de manifestar sus sentimientos, mientras que ella a su vez, le expresaba su genuino dolor al ponerse a llorar, cual Magdalena frente a él.

Imaginemos el tipo de vínculo que se construye entre una madre y un hijo que, de estas maneras y en estos terrenos, le dan rienda suelta a la expresión de los afectos.

Posteriormente, Laura revisó en su proceso psicoterapéutico cómo, siendo ella era una niña, se quedaba paralizada cuando su madre la agredía con insultos y golpes, y de cómo ella nunca le había podido decir a su mamá cómo se había sentido de lastimada internamente; por esa razón, ella creía que era importante que su hijo le expresara sus sentimientos. También revisamos que ella había tenido grandes dificultades para defenderse de algunos compañeros de la infancia y adolescencia, inclusive de ciertas conductas abusivas de su esposo. Realmente el problema de Laura era mucho más complejo, y esa "expresión de sentimientos entre madre e hijo" tenía que ver con un problema más allá de su hijo; tristemente había que reconocer que de manera inconsciente Laura había construido un vínculo con su hijo que le permitía recrear los episodios de abuso de su infancia. La maltratadora ya no podía ser su madre; había escogido como instrumento a su propio hijo para reproducir la experiencia de maltrato, con el pretexto de que todo el mundo tenía el derecho a expresar lo que siente.

Por ello, aprender a percibir qué es lo que sentimos es uno de los primeros aspectos que los padres debemos aprender. Una vez que hemos trabajado en identificar nuestros sentimientos y nuestras emociones, debemos desarrollar la habilidad para orientarlos, canalizarlos y trabajar con ellos de la mejor manera.

Guía de preguntas para orientar el trabajo emocional personal del padre del adolescente

Piense en un par de eventos significativos que haya experimentado con su hijo adolescente: ¿qué fue lo que sintió?

A continuación les exponemos una lista de emociones que suelen encontrarse entre los padres de los adolescentes:

decepcionado	emocionado	herido
ansioso	asustado	alegre
confundido	irritable	solo
rebasado	inseguro	decepcionado
enfadado	orgulloso	feliz
culpable	enojado	cariñoso
avergonzado	furioso	confiado
envidioso	inquieto	humillado
triste	temeroso	tranquilo
frustrado	nervioso	violentado
impotente	disgustado	reflexivo...
preocupado	contento	¿Otras?

Y una serie de preguntas que sirven como guía para hacer nuestra tarea como padres de un adolescente, con las que es importante trabajar:

- ¿Recuerda si ha cambiado su forma de sentirse desde que su hijo llegó a la adolescencia? En general, ¿ha mejorado o ha empeorado?
- ¿Cómo transité por mi adolescencia? ¿Y mis hermanos y mis amigos?
- ¿Cuáles fueron las mejores experiencias en mi adolescencia?

- ¿Cuáles fueron mis peores experiencias como adolescente?
- ¿Cuáles son mis miedos con respecto a mi hijo?
- ¿Cuáles son las emociones que me cuestan trabajo manejar con mi hijo?
- ¿Qué es lo peor que podría ocurrir si mis miedos se hicieran realidad?
- ¿Qué fortalezas y qué debilidades tengo yo como padre?
- De acuerdo con la personalidad de mi hijo, ¿qué estrategias puedo poner en marcha con mi hijo y cuáles definitivamente no dan resultado?
- ¿Confío en la educación que le di?
- ¿Con qué fortalezas cuenta mi hijo en este momento?
- ¿Cómo está la relación con mi pareja?
- ¿Hacemos equipo de padres con nuestro adolescente?

Los procesos de contención emocional de los padres con los adolescentes

Los papás de un adolescente llegan a nuestros consultorios con un problema muy habitual: la incapacidad para contener emocionalmente a sus hijos adolescentes.

En este punto hay que reconocer el papel clave de los padres en las funciones de contención para el adolescente, en tanto que estos procesos son estructurantes de las normas, de la permisividad y de las prohibiciones. Si en una familia la agresión del adolescente se repite en forma cotidiana y no hay quien ponga límites, ni quien los enfrente, las posibilidades de que las cosas terminen mal se acrecientan.

Si los actos de agresión adolescente no son abordados en un momento preciso, si se tiende a desmentir o a negar su existencia con frases como "Así es él de mal geniudo desde chiquito, sacó el mismo carácter de mi suegro, no es para tanto... Es que venía muy frustrado de la fiesta...", aparecerán en formas más intensas al correr del tiempo.

La seguridad y la confianza de los adolescentes se logra cuando existen las vías para reconocer sus sentimientos, regularlos y expresarlos tanto verbal, como corporal o lúdicamente. La intensa variabilidad de la vida emocional de los adolescentes con sus expresiones de enojo, miedo, intensa alegría, frustración, desafío y resistencia requiere de padres de familia con capacidad para contenerlos emocionalmente.

Hay un sinnúmero de investigaciones que han demostrado que la capacidad de los adultos para contener emocionalmente a los niños y a los adolescentes constituye un factor preventivo frente a la impulsividad, el comportamiento desorganizado y violento,[1] y también una variable que puede favorecer o entorpecer el desarrollo emocional y, por tanto, mitigar o acentuar su patología. La contención emocional es definida como la capacidad de los padres para registrar e identificar las necesidades, los obstáculos y los logros en el desarrollo emocional de sus hijos y favorecer su crecimiento, facilitando la expresión de sus afectos y tolerando sus manifestaciones de angustia;[2] la posibilidad de transformar la energía o los impulsos que desbordan la capacidad de pensamiento, en sentimientos y razonamientos. La contención emocional tiene sus bases en la capacidad de los padres para conocer, comprender e interpretar la experiencia de su hijo, pero también en tener condiciones para resistir el embate instintivo del adolescente sin dejar de cumplir con su función específica.

La contención para los adolescentes tiene que ver con la manera en que los padres pueden sostener emocionalmente a los hijos, sin desbordarse. Son las funciones de contención emocional personal que tienen los padres las que posibilitan la creación de pensamientos y el crecimiento mental mediante el aprendizaje por la experiencia, a partir de construir las condiciones para tolerar la provocación que implica las resistencias, el desafío, el oposicionismo o los actos trasgresores de los adolescentes.

Cuando el padre, debido a su vulnerabilidad y a sus propias dificultades, no puede proporcionarle esta estabilidad, se inhibe la instalación de la capacidad para mentalizar, y los adolescentes desarrollan un sentido de sí mismos inseguro, inestable e incoherente; una incapacidad para conectarse con sus sentimientos y responsabilizarse por sus acciones, así como una visión de sí mismos y del mundo empobrecida y distorsionada.

Aprendiendo a resolver conflictos

Donde hay relaciones humanas hay conflicto. Y cuanto más estrechas son esas relaciones, más difíciles resultan y, por lo mismo, más reiterativo y más intenso puede ser el conflicto. Esto significa que todo el mundo, a todas las edades, tiene problemas. Hay cosas que nos hacen sentir mal, confusos, enojados, tristes, temerosos. Sin embargo,

hay muchas ocasiones en las que nos resulta, si no imposible, sumamente difícil darle solución a los conflictos a
los que nos enfrentamos. Este hecho contribuye a aumentar nuestro malestar, a desarrollar sentimientos de impotencia y culpa, y a darle una salida explosiva a nuestras
emociones.

Como padres podemos aprender a darle solución a los
problemas pero, en primer lugar, debemos entender qué
son los conflictos.

Los conflictos forman parte de nuestras relaciones cotidianas. Sin embargo, pueden presentarse de diferentes
maneras, por motivos diversos y con intensidades varia-
das. Son situaciones en las que dos o más personas entran
en oposición o en desacuerdo debido a que sus posiciones, intereses, necesidades, deseos o valores son incom-
patibles, y donde las emociones y los sentimientos juegan
un papel muy importante.

Ahora bien, dependiendo de la forma cómo se asume
el conflicto, éste puede desencadenar conductas destructivas o, por el contrario, contribuir al desarrollo y el bienestar de la familia.

El poder del conflicto

Se refiere a la capacidad de influencia que tienen los prota-
gonistas principales, es decir, los que están directamente
implicados en el conflicto; por ejemplo, los adolescentes
con sus padres, o los padres entre ellos mismos, y en relación con su hijo adolescente. Cuando el conflicto no
se resuelve, los hijos irán renunciando a la comunicación
con sus padres sobre los temas más significativos de su

experiencia, porque como referente tienen que el padre y la madre no se hablan, o difícilmente lo hacen o, peor aún, el comunicarse es una fuente cotidiana de conflicto, agresión y molestia.

Para analizar los juegos de poder en un conflicto se debe indagar sobre los siguientes aspectos:

- Las coaliciones. Por ejemplo, la unión del padre con el hijo en contra de la madre; la unión de los padres contra el hijo; la unión de una madre con un hermano mayor en contra de un hijo adolescente.
- Las lealtades de los hijos en el seno de la familia; por ejemplo, las visibles y las invisibles.
- El tipo de relaciones que los padres mantienen entre sí y con los hijos; las jerarquías que cada integrante del conflicto mantiene, y los intereses que guarda cada una de las partes.

En síntesis, entender y trabajar sobre los juegos de poder en la familia nos puede dar la clave para resolver con éxito las problemáticas que se nos presentan con nuestros hijos.

Las percepciones del problema

Cada persona interpreta de forma distinta las cosas que le ocurren. Así, por ejemplo, un conflicto podría tomarse como un obstáculo imposible de solucionar, como aquello que es lo peor que le podría pasar, o, por el contrario, como aquello que no tiene ninguna importancia. Frecuentemente ocurre en los conflictos que mientras uno de los padres se ve seriamente afectado por un problema, el otro ni siquiera es consciente de que exista.

Es importante estar al tanto de aquellas distorsiones que pudieran presentarse a la hora de percibir un conflicto, y asimismo ofrecer los medios para que estas distorsiones desaparezcan.

La visión de túnel

- A menudo sucede que cuando tenemos un problema, vemos o recordamos sólo un aspecto de la realidad. Nos concentramos en un solo detalle de la situación y dejamos fuera todos los demás aspectos de la problemática.
- ¿Qué podemos hacer para cambiar esto? Hay que empezar a enfocarnos en otros aspectos de la realidad que pasan inadvertidos. Hay que empezar a dar explicaciones *alternativas* sobre la causa que origina el conflicto.

Absolutismo y pensamiento dicotómico

- Cuando tenemos un problema y percibimos la realidad en términos dicotómicos, como si todo fuera blanco o negro, nos olvidamos de todas las posiciones intermedias y, por ende, las conclusiones a que llegamos o las decisiones que tomamos están cargadas de términos absolutos: todo, nadie, siempre, nunca.
- ¿Qué podemos hacer para cambiar esto? Comenzando a sensibilizarnos sobre lo relativo de los acontecimientos.

Fatalismo

Ocurre cuando pensamos que no tenemos control sobre los acontecimientos que vivimos. Es común sentirse indefenso ante los problemas que acaecen, lo cual genera una fuerte tendencia a la pasividad, al desánimo y al pesimismo.

- ¿Qué hacer contra ella? Podemos comenzar a percibir los problemas como situaciones que tienen solución pero, para ello, debemos analizar las variables que es posible ir controlando y así poder avanzar en su solución, así como irnos entrenando en pautas de autorrefuerzo que nos protejan contra el sentimiento de indefensión

Interpretación exagerada de la conducta de nuestros hijos

- Ocurre cuando interpretamos la conducta de nuestro hijo como si fuera siempre su intención la de lastimarnos, agredirnos, humillarnos.
- ¿Cómo superarla? Activando explicaciones alternativas: accidentes, coincidencias e intenciones positivas.

Confundir pensamientos y emociones con la realidad

- A menudo creemos que aquellos que pensamos y sentimos acerca de la realidad es la propia realidad. Sin embargo, si pensamos de esta manera sólo admitimos como válida nuestra propia interpretación de las cosas.

- ¿Qué hacer? Hay que proporcionar cierto tipo de experiencias que nos permitan descubrir que el significado que tiene la realidad para nosotros es producto de lo que nosotros construimos activamente.

Los límites en la adolescencia

Toda relación, por íntima que sea, tiene límites, y para poder construir relaciones satisfactorias y sanear las conflictivas tenemos que examinarlos.

Los límites nos permiten proteger nuestra parte más íntima y personal. Establecemos nuestros límites explicitando cómo deseamos que los demás nos traten; lo que se puede y no se puede decir; qué bromas aceptamos y cuáles no; para qué se puede contar con nosotros y para qué no; qué es lo que esperamos de una relación íntima, con un hijo o con un amigo; qué es lo que no toleramos cuando hay un conflicto, etcétera.

La interacción y la intimidad de una relación se regulan por medio del uso que hacemos de nuestros límites. Algunos fomentan el desarrollo y la madurez personal, mientras que otros lo pueden obstaculizar, pues la función de los límites reside en proteger la diferenciación del sistema familiar y aquellas incompatibilidades que puedan surgir dentro del mismo.

Así, por ejemplo, cuando el padre le dice al hijo adolescente "Tú no tienes que meterte con los permisos que le doy a tu hermana, porque eso lo decidimos tu mamá y yo", se está estableciendo un límite razonable y claro en la relación de los padres con los hijos.

En este sentido, cuando se habla de límites también pensamos en reglas; por ejemplo, en una familia puede haber tres tipos de reglas: las *reglas claras, explícitas y abiertas,* como la asignación de tareas y las responsabilidades en el hogar; como que cada quién responda por sus responsabilidades escolares, o que los coches se laven los sábados. También existen las *reglas implícitas* que operan alrededor de asuntos que se encuentran sobreentendidos y que están incorporados a la dinámica familiar; esto es, en esta casa la comida no se desperdicia; te puedes servir lo que quieras, siempre y cuando te lo comas; la basura no se tira en el piso, sino en el basurero; en los cumpleaños se hacen regalos. Por último, las *reglas secretas.* Éstas son las más difíciles de descubrir porque son de naturaleza inconsciente y no están a la vista, e inclusive muy a menudo se transmiten de generación en generación; así, los adolescentes problemáticos en la familia sólo pueden ser los varones, por esto la familia tolera que ellos se emborrachen, mantengan relaciones sexuales promiscuas, sean irresponsables, mientras que exigen una conducta intachable de las mujeres adolescentes. En este sentido, una familia con esta regla secreta puede funcionar bien mientras nadie la desafíe, pero cuando una hija adolescente empieza a presentar este tipo de conductas, la familia entra en crisis.

Por otro lado, en cuanto a los límites, hay diferentes perfiles de familia; uno de ellos es el perfil de la *familia unida o integrada,* en la que hay cercanía emocional y lealtad en las relaciones familiares, con la cual se logra un buen equilibrio entre cercanía e independencia emocional. Los miembros de la familia comparten tiempo de calidad y explicitan sus decisiones cuando así lo consideran conveniente.

Sin embargo, en esto de la dinámica familiar no todo es miel sobre hojuelas; por ejemplo, tenemos el perfil de la *familia distante*, que tiene que ver con el hecho de que en la familia cada persona anda por su propio lado y se carece de sentimientos de lealtad y pertenencia. Estas familias pueden funcionar de forma autónoma, pero poseen un intenso sentido de independencia, del respeto de la libertad y de la individualidad. Hay un distanciamiento afectivo, y en la dinámica cotidiana prevalece la carencia de reglas y de estructuras estables; la cercanía y el compromiso familiar son limitados.

Los miembros de esta familia toleran una amplia gama de variaciones individuales, pero son incapaces de brindarse ayuda mutua cuando lo necesitan. El estrés que afecta a uno de sus miembros no afecta al resto de la familia. Así vemos que la familia desligada tiende a no responder cuando es necesario hacerlo.

Estas familias son proclives al abandono y a creer que el adolescente se las debe arreglar como pueda, dejándolo muchas veces sin el encuadre y sin la contención afectiva necesaria en esta etapa.

En el otro lado de la moneda se encuentra la *familia con límites difusos*, o la llamada familia *muégano*. En este tipo de familias sus miembros están mezclados y los límites entre una persona y otra son confusos. En apariencia se trata de la familia feliz con altos niveles de confianza y comunicación; sin embargo, es una familia altamente disfuncional y por lo general hace una crisis cuando los hijos llegan a la adolescencia.

Este sistema familiar no tolera las manifestaciones de independencia o privacidad del adolescente; el intenso sentido de pertenencia obliga a los miembros a renunciar a su identidad y a su autonomía personal; en este sentido, la conducta de un miembro de la familia afecta de inmediato a los otros, y el estrés individual repercute intensamente en los demás.

La familia se rige por una dinámica de poder y sometimiento en la que alguien domina, mientras otros están controlados. Los miembros de la familia no pueden ser ellos mismos y resulta muy difícil romper los lazos de dependencia, aunque se sientan asfixiados. Este tipo de familia obstaculiza el desarrollo del adolescente, ya que le impide transitar por los caminos de la diferenciación y la construcción de la identidad y la autonomía. Todo intento por buscar la libertad y la diferencia es sancionado; también, el adolescente se siente oprimido porque su privacidad no se respeta: todo se ventila, todos opinan y todos intervienen.

Generalmente los padres son *metiches* y desean saber todo sobre la vida de su adolescente; suelen no respetar los espacios de privacidad, y para mantener este sentido de ligazón intensa esculcan, revisan, preguntan a otros, se meten en sus conversaciones privadas, se hacen amigos de ellos en el Facebook.

A estos padres les convendría tomar en cuenta las palabras de Khalil Gibran: "Tus hijos no son tuyos, son hijos de la vida; puedes darles tu amor, pero no tus pensamientos; puedes abrigar sus cuerpos, pero no sus almas, porque ellos viven en la casa del mañana. Tú eres el arco del cual tus hijos son lanzados como saetas vivas".[3]

Consejos

Un límite sano es aquel que es lo suficientemente claro y bien delimitado como para mantener nuestras prioridades y nuestra autonomía, pero a la vez lo suficientemente flexible como para permitirnos establecer relaciones cercanas y enriquecedoras con otras personas.

Determinadas personas tienden a ver sus límites con excesiva rigidez y terminan convirtiéndose en muros defensivos que impiden una relación satisfactoria con los demás. Si no sabemos flexibilizar nuestros límites cuando corresponde, nuestras relaciones se bloquean.

Para que exista una relación sana es indispensable que cada uno conserve su propia identidad y respete la del otro; sólo así nuestro encuentro con los demás será satisfactorio y generador de crecimiento. No obstante, en determinadas ocasiones, al relacionarnos creamos unos límites tan flexibles y permeables que resulta difícil distinguir dónde termino yo y dónde empieza el otro. A menudo las personas que establecen estos tipos de límites creen que de esta manera se facilita su relación con los demás, pero el efecto es el contrario: dan lugar a malentendidos, resentimientos, falta de claridad, baja autoestima...

Estas relaciones "simbióticas" son especialmente abundantes en las parejas donde se confunde intimidad con decir a todo *sí*, no mostrar desacuerdo y tener los mismos gustos. Incluso a veces sorprende que cada miembro por separado sólo puede expresar sus gustos y opiniones usando el "nosotros": "A nosotros nos gusta todo lo relacionado con la naturaleza", "no estamos de acuerdo con ese pensamiento", "lo que queremos es no malcriar a nuestro hijo"... Como si usar el "Yo" se percibiera como una traición a la otra persona o una amenaza a la unión existente.

Otro ámbito en el que el efecto de unos límites difusos y permeables suele ser causa de conflictos es en la relación con los hijos. Debido a que muchos padres y madres han vivido bajo un modelo educativo donde los límites eran muros rígidos y el niño no tenía casi espacio, es frecuente que se intente no caer en el mismo error, pero pasándose al lado opuesto igualmente perjudicial.

Si los padres usan unos límites demasiado flexibles, es probable que no sean capaces de proteger sus propias necesidades, y los niños puedan transformarse en seres egoístas que no saben respetar las necesidades de los demás. Por otro lado, se ha comprobado que los límites ayudan a desarrollar el sentido de seguridad en los hijos, ya que aprenden que hay cosas que no están permitidas y que los padres se encargarán de señalárselas. Un niño que crece sin límites se hace especialmente vulnerable a la frustración en la vida adulta, porque es imposible que de mayor la vida les conceda todo lo que piden.

El contexto y el tipo de vínculo definen la proximidad y la distancia adecuada para una relación. Un adulto no se comportará de la misma manera con su hijo pequeño que con el hijo del vecino, por mucho que los dos niños tengan la misma edad y los encuentros sean frecuentes. No se tiene la misma relación con una suegra que con una madre; la disposición puede ser igual de buena, pero las experiencias vividas y los distintos roles hacen poco útil intentar "igualar" estas relaciones.

La intimidad y la distancia pueden variar según las diferentes relaciones e incluso en los distintos momentos de una misma relación, día a día. Los tipos de límites con un hijo cambian de manera radical según si este es un niño, si es un adolescente, o si ya está emancipado.

Saber adaptar y respetar los límites personales en función del contexto y el tipo de relación puede parecer sencillo, pero nos encontramos ante un conflicto cuando se produce una mala interpretación de ese contexto. Hay personas que se empeñan en establecer con sus hijos una relación idéntica a la que se tiene con un amigo. Y no se trata de que un hijo no pueda ser "amigo", sino de que por encima de eso exista una relación padre/madre-hijo/a que dará un sentido muy diferente al que puedan tener dos amigos.

Es común que no establecemos nuestros límites de forma explícita y consciente; los vamos estableciendo a través de nuestros hechos, a través del modo en que permitimos que nos traten. Pero con algunas personas es necesario expresar nuestras fronteras de forma clara. Podemos escudarnos en que el otro debería adivinar algo que para nosotros puede estar muy claro, pero confiar en la capacidad de adivinación del otro suele dar muy malos resultados en la mayoría de situaciones. Si mis límites son violados, me corresponde a mí exponer con claridad la situación al invasor.

Los límites se fortalecen a través del uso inteligente del derecho de decir *no* y de la decisión responsable de decir *sí*. Pero hay que tener muy en cuenta que poner un límite no tiene nada que ver con dar rienda suelta a la agresividad. Un límite bien establecido no es un acto de violencia, sino un acto de transparencia donde pido mi derecho a ser respetado.

Los padres en la misión imposible de educar

Es importante que los padres sepan que *educar* forma parte de las profesiones imposibles,[4] precisamente porque existe en la labor educativa algo que no se obtiene: el imposible que habita en todo intento de formar, orientar y enseñar a nuestros hijos y que, por bien que se haga, por experiencia que se tenga, por buena voluntad que se ponga, en general, el resultado no será completamente satisfactorio. Educar a un hijo conlleva una serie de escollos y contrariedades, en la que resulta importante destacar también que lo normal en la educación de nuestros hijos es que las cosas no vayan del todo bien.

Y esta referencia a lo imposible significa poner sobre la mesa el hecho de que siempre hay algo que falta, la idea de que hay algo irrealizable e inacabado, la sensación de que los problemas y el malestar no terminan, o cuando uno cree que terminan surge otra tarea y algo por hacer. Sin embargo, si no existiera la experiencia de "lo imposible o de lo faltante", no habría acción, vida, movimiento o intento.

Cuando los padres educan, se topan con problemáticas y obstáculos muy importantes, pero en la adolescencia de nuestros hijos esta situación parece hacerse mucho más intensa.

Desde ahí, desde la falta o el malestar, los papás hemos echado mano de la consejería, de las clases y los talleres, de la formación en valores, de la escuela para padres, de libros y manuales, de todos estos apoyos y muchos otros paliativos para lograr el cumplimiento cabal de la misión de ser papás.

Uno de los retos que tenemos los papás es asumir que probablemente nuestro hijo adolescente se va a resistir a nuestros consejos, a nuestra orientación. Y la tarea de nosotros los padres es admitir que no todo lo podemos, ni lo sabemos con nuestros hijos.

La mayor parte de los papás que viven las dificultades con sus adolescentes muchas veces se centran en la búsqueda desesperada de "nuevas" teorías, técnicas, recetas o herramientas que nos tranquilicen y nos apacigüen la angustia de no entender, de muchas veces no saber cómo hacerle con nuestro hijo adolescente.

Saber todo sobre adolescencia y sobre nuestro hijo adolescente, ésa sí que es una misión imposible, y lo que nos toca como padres es ser tolerantes con nuestra incertidumbre, miedo y angustia, y tolerar nuestro proceso de estar conociendo.

Porque lo normal en la adolescencia es que nuestros hijos se resistan, se escondan ó se rebelen. Lo esperable es que el adolescente que se construya frente a sus padres, no se deje llevar, o incluso se oponga, a veces simplemente para recordarnos que no es un objeto en construcción sino una persona que se está construyendo.

El dilema que en ocasiones tenemos los papás es excluir o enfrentarse, dimitir o entrar en una relación de fuerzas. La tentación de la exclusión es deshacerse de la barbarie adolescente para poder ejercer de forma adecuada nuestra función de padres. Ser padres y educar implica negarse categóricamente a entrar en esta lógica.

Sabios y viejos consejos para mejorar la relación con nuestro hijo adolescente

• *Más sabe el diablo por viejo, que por diablo.* Tenemos que saber que nuestro hijo adolescente necesita su propio espacio de intimidad; por ello es importante hablar y comunicarse con él, pero nunca forzarlo a que nos cuente lo que le pasa o sus problemas; podemos estar ahí y recordarle que cuando así lo decida o lo necesite cuenta con nuestra escucha y comprensión. Sin embargo, nos puede ayudar saber que a pesar de que nosotros, en esta época, generalmente no somos los principales modelos de referencia y de confianza para nuestro hijo, si hemos tenido una buena relación y comunicación con él desde la infancia, seguramente nuestro hijo acudirá a nosotros, cuando así lo requiera.

• *A cada santo le llega su capillita.* Es importante que le demos genuinamente un nuevo lugar en la familia al adolescente en el que hoy se ha convertido nuestro hijo. Por ello, es necesario hacerle saber que su perspectiva de joven es importante; que nos interesa escuchar su punto de vista, que necesitamos que participe ante la toma de ciertas decisiones. En síntesis, es fundamental reconocer su nuevo rol de adolescente. Para ello, ofrezcan un clima afectivo de reconocimiento y aprobación que favorezca el desarrollo de esta incipiente identidad. Utilice la comunicación como herramienta favorecedora del intercambio de sentimientos, emociones y experiencias.

• *No mires la paja en el ojo ajeno, sino la viga en el nuestro.* Un adolescente que no es reconocido, o que es cuestionado o criticado constantemente por algún miembro de la familia, debido a sus inquietudes, aficiones, amistades o deseos, se le pueden ir generando procesos de inseguridad y ansiedad que lo llevarán a buscar en el grupo de amigos el lugar que no encuentra en la familia, a costa de depender y subordinarse al grupo, o quizá en desarrollar problemas de inhibición que devienen en falta de capacidad para integrarse socialmente. Sea cauto con sus comentarios, y la crítica hacia su hijo tiene que pasar primero por el tamiz de su propia autocrítica.

- *Más vale un mal arreglo que un buen pleito.* Mientras que no se encuentre en riesgo la integridad física y emocional de nuestro hijo, hay que evitar imponerle nuestros propios puntos de vista y mucho menos hacerlo de manera forzada o que genere una confrontación. Los padres podemos aportarle otras perspectivas con argumentos suficientes para que él elija su opción con mayor conocimiento, pero que sea partícipe de las decisiones. Una comunicación con imposiciones no funciona. Nunca lo ponga entre la espada y la pared; dele margen de maniobra y bríndele opciones de resolución y salida.

- *Cuando la limosna es mucha, hasta el santo desconfía.* Evite sobreproteger a su hijo. La sobreprotección generada por la angustia que sienten los padres ante unos adolescentes cada vez más autónomos a menudo da como resultado que nuestro hijo se torne dependiente, irresponsable, tenga escaso sentido crítico y dificultad para tomar decisiones, ya que él solo no se va a poder sentir capaz de enfrentar los retos o la adversidad, mientras que, por otro lado, va a requerir de la aprobación y el apoyo de sus padres.

- *Farol de la calle y oscuridad en su casa.* El afán de los padres de que sus hijos tengan éxito y logren las mejores oportunidades, puede hacer que se oculten las verdaderas capacidades, pero también las profundas motivaciones, necesidades y deseos del hijo. Las expectativas irreales sobre los hijos, proyectadas a través de la sobreexigencia, pueden llegar a favorecer la falta de motivación y la incapacidad para reconocer los propios errores o fracasos. Asimismo, en muchas ocasiones se favorecen conductas depredadoras, ya que la identidad del adolescente queda comprometida a las expectativas, lo que lo puede llevar a conducirse de manera poco ética y con pocos escrúpulos con el fin de cumplir las metas.

- *Ni muy muy; ni tan tan.* Construya un equilibrio entre el establecimiento de normas y procesos de negociación con sus hijos, de tal forma que podamos desarrollar la habilidad para tolerar algunas cosas, a cambio de evitar otras. Hay que recordar que los padres en ocasiones tenemos que imponer algunas reglas y negociar otras, así como adaptarnos a conductas que de entrada no eran deseables para nuestros hijos; por ejemplo, cuando bebe alcohol, empieza a fumar, quiere ponerse un tatuaje. La dificultad para fijar límites —tanto por permisividad como por excesiva rigidez de los padres— es dañina para el adolescente, y todavía más nociva es la oscilación entre ambas posiciones. Busque un punto medio, ni tan rígido ni tan flexible.

- *Al que no le cuesta, lo vuelve fiesta.* Recuerde, un ambiente familiar muy permisivo obstaculiza el proceso de incorporación de la norma de un adolescente y seguramente ello le acarreará problemas en la escuela, con la autoridad y en los procesos de socialización.

- *No le busque ruido al chicharrón.* No olvide que un exceso de rigidez en el sistema familiar, con reglas muy constreñidas e inflexibles, puede generar en nuestro hijo adolescente falta de flexibilidad en el cumplimiento de las normas, o una tendencia a la transgresión de las mismas por rebeldía. La oscilación entre ambos extremos expone a nuestro hijo en una situación de indefensión, que se traduce en que el adolescente construya liderazgos autoritarios o manipuladores, o tenga serias dificultades para relacionarse; en síntesis, estos desequilibrios impiden que el adolescente se exprese y se conduzca en sus relaciones como realmente es.

- *Más vale una colorada, que cien descoloridas.* Incentive el desarrollo de su autoconcepto y de su propia estima construyendo límites y normas que favorezcan su capacidad de control y fortalezcan su capacidad para tolerar la frustración. Cuando así lo requiera la situación, el *no* es fundamental. No tenga miedo de decir *no* por ser impopular. Hay padres que tienen miedo de no ser queridos por sus hijos; entonces se anticipan a sus deseos e intentan darles gusto. Pero en muchas ocasiones los padres tenemos que aceptar querer en condiciones, de no ser queridos, al menos de vez en cuando.

- *Es como ollita que hierve mucho, o se quema o se derrama.* Los niños y los adolescentes más felices son aquellos que han podido desarrollar una alta tolerancia a la frustración. Un signo de fortaleza de su hijo es su capacidad para aceptar que no todo lo que desea lo puede tener o hacer. Fomente la autonomía de su adolescente, haciendo que sea más fuerte y tolerante, y también menos dependiente de la aprobación de los demás.

- *No confunda la gimnasia con la magnesia.* Sea asertivo. No se trata de que los padres tengamos que estar consultando, negociando y tomando opinión de todo lo que acontece en la familia, con nuestro hijo adolescente. Hay que saber discriminar aquellas situaciones en las que es importante conocer su punto de vista, y si es razonable dejarle que tome sus propias decisiones; pero hay otras circunstancias en las que las negociaciones y las decisiones las realizan única y exclusivamente los padres, y solamente se le comunican al hijo.

- *Ya conocen al diablo, para qué van a cocorearlo.* Hay que mantener una comunicación razonable y cuidar las formas cuando nos comunicamos con nuestro hijo adolescente; por ejemplo, evite dar manotazos de exaltación, alzar la voz o gritar y evitar episodios de agresión y violencia. Nunca discuta con un adolescente cuando cualquiera de los dos esté alterado. Es importante recordar que en la adolescencia se pueden presentar episodios intensos de iras debido a que existe una tendencia a la impulsividad y una disminución de los niveles de tolerancia a la frustración. Hay que predicar con el ejemplo. El hecho de que los padres compartan y construyan reglas es un principio que otorga congruencia, consistencia y sentido a la educación de nuestro adolescente. Obstaculizamos el desarrollo de nuestro hijo cuando los padres tenemos estilos educativos diferentes o llevamos nuestras desavenencias de pareja al terreno de su educación. Una relación familiar conflictiva puede llevar a nuestro hijo adolescente a conseguir el amparo y el cobijo del grupo de amigos, generando una dependencia dañina, o, por el otro lado, una incapacidad para construir relaciones afectivas que le eviten el compromiso relacional que tanto dolor le causa en su familia.

- *Hijo de tigre, pintito.* El consumo excesivo o el abuso de drogas o alcohol por parte de los padres, así como una actitud permisiva de estas conductas con el hijo, pueden promover un aprendizaje por identificación y generar un caldo de cultivo idóneo para el desarrollo de adicciones.

- *No me traigas tus nahuales, que se chahuistlean las milpas.* No caiga en la tentación de comportarse como un adolescente, a pesar de que usted se sienta muy joven y esté loco de emoción por un segundo aire. El adolescente necesita padres recatados y pudorosos que mantengan muy en la intimidad su erotismo y su vida sexual. Esta privacidad y prudencia de los padres permite a los adolescentes construir su propia sexualidad, sin ser aturdidos.

- Por otro lado, por ningún motivo erotice la relación con sus hijos. A quien ahora le toca tomar de la mano, sentarse en las piernas, acariciar o dormir juntos, es a la pareja de su hijo, a pesar de que a usted tenga las mejores intenciones y sea "cariño limpio". Su hijo ya no es un bebé, ni es un niño. Esas conductas son inapropiadas porque erotizan al adolescente y le acarrean serias perturbaciones emocionales.

- *Si ven que el niño es risueño y todavía le hacen cosquillas.* Los padres no somos amigos de nuestros hijos, y aunque haya algunos a los que les entusiasme la idea, no hay que olvidar que este rol diferenciado entre el padre y el hijo contribuye a darle a nuestro adolescente hijo mayores niveles de claridad, certidumbre y contención. No nos confundamos pero, sobre todo, no los confundamos. Los amigos guardan un estatus y un tipo de relación muy diferente a la que tienen con sus padres, y eso no significa que por no ser sus amigos tengamos que establecer una brecha afectiva.

* *Para qué me dejan solita, si ya saben cómo soy.* Nosotros como padres sabemos quiénes son y "de qué pie cojean" nuestros hijos adolescentes; generalmente con sus hechos nos dicen de sí mismos de formas más contundentes que lo que nos dicen verbalmente, así "nos los juren y perjuren". Por ejemplo, si sabemos que nuestra hija está en época de exámenes finales y está por reprobar el ciclo escolar porque le cuesta trabajo asumir sus responsabilidades en la escuela, no queramos tapar el sol con un dedo dejándola ir con los amigos el fin de semana a Valle de Bravo; acceda a esto, una vez que su hija sea capaz de irse a estudiar y a vacacionar de manera simultánea. Puntos más importantes suelen ser aquellas situaciones en las que está comprometida la integridad física o emocional de su hijo; por ejemplo, si es consciente de que su hijo tiene problemas con el alcohol, así él le prometa que no va a beber, no le preste el auto. ¡Protéjalo!

* *Camarón que se duerme, se lo lleva la corriente.* Construya y cuide su propio proyecto de vida. Los padres del adolescente que tienen también una vida propia, con intereses, amigos, actividades y aficiones más allá de su rol de padres, suelen ser mejores modelos de identificación para los adolescentes.

CONCLUSIONES

Parte de la problemática de la adolescencia actual tiene que ver con esta nueva idea de la familia perfecta, ideal: la familia como castillo de la pureza. Por lo general, las familias saludables reconocen su lado oscuro: saben de sus fragilidades y sus carencias, y aprenden a luchar y a superarlas, pero también con sencillez saben reconciliarse con su realidad; cuando se equivocan, tarde o temprano rectifican; cuando tropiezan, aprenden de los errores, se levantan y, aunque duela, perdonan; cuando no saben o no entienden, más allá de los clichés informativos a los que hoy tenemos acceso por los medios, el internet o las redes sociales, se preguntan a sí mismos.

Los padres de adolescentes, hoy más que nunca, tenemos que aprender a tolerar la incertidumbre, a lidiar con el riesgo y a reconocer que los vínculos genuinos en ocasiones transitan más allá de los paraísos de la comunicación eficaz, la solidaridad, la incondicionalidad, el respeto, la empatía y la crítica constructiva; la vida familiar, y más aún en la adolescencia de nuestros hijos, también puede estar salpicada por el desacuerdo, la incongruencia, la rivalidad, la envidia, la vergüenza, la frustración, la impotencia, el forcejeo, los golpes bajos o la agresión, por mencionar algunas de las sutilezas por las que eventualmente transita cualquier familia con hijos adolescentes.

Es posible que nuestros abuelos y nuestros bisabuelos se sintieran mejores padres que nosotros —no aseguramos que lo hayan sido, pero muy probablemente ellos creyeron desempeñar mejor su función— porque entonces defendían lo que creían correcto; ponían límites a punta de intuición y sentido común; combatían las conductas transgresoras de sus hijos con firmeza y consistencia; imponían a sus hijos pequeños sacrificios porque le apostaban a su fortaleza y les permitían ejercitar el músculo de la tolerancia a la frustración, de tal forma que los hijos vivían con mayor solidez, más conformes y satisfechos con lo que tenían: sabían lidiar con la adversidad y salir fortalecidos.

Nuestros abuelos y nuestros bisabuelos —a pesar quizá de las barbaridades que cometieron en nombre de la formación de sus hijos— fueron padres que se sintieron más seguros y menos culpables; se apoyaban en lo que creían; tenían menos acceso a la información y, sin embargo, se sentían lo suficientemente informados para tomar decisiones; por lo general tenían mayores certezas y menos dudas: exploraban, curaban heridas con remedios caseros, y era mayor su sutileza y su eficacia para transmitir afecto; no se desgastaban repitiendo de forma compulsiva a sus hijos: "Eres un campeón... vales mil... te quiero..." Tenían más claridad, menos confusión y, por ende, menos ansiedad, en lugar de buscar las respuestas afuera —quizá como no había de otra—, miraban más a menudo en su interior. Sin lugar a dudas, ¡eran tiempos más sencillos!

Entonces, al menos en una familia algún miembro resultaba administrador, pedagogo, cómico, curandero, leguleyo, consejero, cocinero, poeta... Para bien o para mal, las virtudes, los vicios y la locura se repartía entre más, sobre todo cuando en la familia los hijos transitaban por la adolescencia.

En sus funciones parentales eran mucho más prácticos; no se sentían inferiores, devaluados, angustiados o inseguros. ¡No se asustaban tan fácilmente! Tenían más confianza en sí mismos y en la educación que les habían dado a sus hijos; por ello favorecían que se lanzaran al mundo, y no los tenían en una burbuja por temor a los peligros externos.

Fueron más capaces de ser y de hacer, y de seguro lo hicieron lo suficientemente bien, puesto que les sobrevivimos y aquí estamos.

Pero, ¿por qué planteamos todo esto a estas alturas? Porque el espíritu de este libro ha sido conducir a los padres de los adolescentes a la auténtica comunicación, y ésta necesariamente involucra la comprensión, el conocimiento y la sensatez.

Como padres estamos obligados a ser profundamente sensatos, y la sensatez implica antes que otra cosa mirar, comprender y contactar con nuestro interior, con nuestras intuiciones, con nuestro sentido común, y a reconocer nuestras ignorancias y nuestras arrogancias. La sensatez también nos compromete a que cuando haya duda y confusión, antes de regodearnos en el lugar común de la ansiedad, el miedo y la culpa, nos formulemos las preguntas que más nos acerquen a buscar en nosotros mismos.

La sensatez implica alejarnos de la tentación de focalizar, depositar y encontrar en nuestro hijo adolescente las respuestas a todos los problemas, para sentir que tenemos las cosas bajo control.

Los padres sensatos apostamos por una mejor comunicación porque renunciamos a tener el control de nuestros hijos adolescentes y de su mundo; a cambio, intentamos hacernos cargo de trabajar en aquellos impulsos que nos desbordan.

Desde la sensatez, los padres, antes de buscar culpables en las nuevas drogas sintéticas, la comida chatarra, la falta de valores, las malas compañías, los videojuegos, la inseguridad o la escuela, intentamos hacernos cargo de nuestra angustia para entonces comprender, conocer y reconocer.

Sensatamente los padres, bombardeados por excesivas cargas de información, novedades y mensajes reverberando a nuestro alrededor, buscamos los mecanismos para seleccionar y metabolizarla, ya que la información en bruto, en lugar de ser aliada del conocimiento, se convierte en enemiga de la introspección.

Que este libro contribuya a rescatar nuestros núcleos internos más genuinos y entendidos; a reconciliarnos con la profunda sabiduría de nuestras intuiciones, pero sobre todo a aceptar que en cuestiones de comunicación con nuestros hijos adolescentes estamos frente a una misión imposible si pretendemos creer que por ser sus padres ¡lo sabemos y lo podemos todo!

NOTAS

2

[1] A. Aberastury y M. Knobel (1991), *La adolescencia normal: un enfoque psicoanalítico*, México, Paidós.

[2] E. Erikson (1968), "Identidad frente a confusión de identidad", en D. Papalia, S. Wendlos Olds y R. Feldman Duskin, *Desarrollo humano*; 6ª ed. en español, McGraw Hill.

[3] Hornstein (2003), citado por L. Palazzini (2004), *El trabajo psíquico en la adolescencia: avatares de su organización*, disponible en www.edumargen.org/docs/curso10-12/unid01/

[4] P. Gutton (1993), *Lo puberal*, Buenos Aires, Paidós.

[5] L. Palazzini (2004), *op. cit.*

[6] L. Grinberg (1973), "La adolescencia, identidad e ideología", en Kalina Feinstein *et al.*, *Psicopatología y psiquiatría del adolescente*, Buenos Aires, Paidós-Asappia.

[7] B. Janin (2008), *Encrucijadas de los adolescentes de hoy*, Buenos Aires, Apdeba.

[8] *Idem.*

[9] J. Holland, C. Ramazanoglu, S. Sharpe y R. Thomson (2000),

"Deconstructing Virginity – Young People's Accounts of First Sex", *Sexual Relationship Therapy*, año v, vol. 15, núm. 3, pp. 221-232.

[10] L. Bellak y L. Goldsmith (1993), *Metas amplias para la evaluación de las funciones del yo*, México, Manual Moderno.

[11] P. Blos (1971), *Psicoanálisis de la adolescencia*, México, Joaquín Mortiz.

[12] G. Mejido (2008), "La fuerza yoica como protección frente al riesgo en la adolescencia: un estudio de caso", tesis para obtener el grado de maestría, México, Instituto Sigmund Freud.

[13] Son resultado de procesos exclusivos y singulares de la persona. Relacionada con las emociones, permiten entenderse a sí mismo.

[14] Son resultado de la relación explícita entre las personas.

[15] Duelo por el cuerpo de la infancia, por los padres de la infancia y por la identidad de la infancia (véanse las páginas 71-76).

[16] J. González Nuñez y cols. (1986), *Teoría y técnica de la terapia psicoanalítica de adolescentes*, México, Trillas.

[17] H. Díaz y cols. (1978), "Funciones del yo en esquizofrénicos, neuróticos y normales", citado por G. Mejido (2008), *op. cit.*

[18] Véase "El tiempo y la mortandad", página 76.

[19] El autoconcepto hace referencia a la idea que cada persona tiene de sí misma en cuanto ser individual.

[20] A. Freud (1936), *El yo y los mecanismos de defensa*, Buenos Aires, Paidós.

[21] P. Blos (1971), *Psicoanálisis de la adolescencia*, México, Joaquín Mortiz.

[22] M. Isaías (1987), "Otros mecanismos defensivos en la adolescencia", *Cuadernos de Psicoanálisis*, vol. xxiv, 1 y 2, pp. 59-66.

[23] A. Aberastury y M. Knobel (1991), *La adolescencia normal: un enfoque psicoanalítico*, México, Paidós.

[24] El término "falso *self*" designa una alteración de la personalidad que consiste en promover desde la infancia una actuación falsa a fin de proteger un verdadero "sí mismo" auténtico. Es como un cascarón que no resulta genuino ni auténtico, pero que actúa como forma de adaptación, aunque sea falsamente, a un entorno. A veces, cuando conocemos a un joven que es "perfectito" (estudioso, educado, deportista, arreglado y bien portado), podemos pensar en un "falso *self*".

[25] *Idem.*

[26] *Idem.*

[27] *Idem.*

[28] *Idem.*

[29] B. Janin, B. (2008), *Encrucijadas de los adolescentes de hoy*, Buenos Aires, Apdeba.

[30] A. Aberastury y M. Knobel (1991), *La adolescencia normal: un enfoque psicoanalítico*, México, Paidós.

[31] B. Janin (2008), *Encrucijadas de los adolescentes de hoy*, Buenos Aires, Apdeba.

[32] M. Rosenberg (1979), *Conceiving the Self,* Nueva York, Basic Books.

[33] A. Sánchez Vidal (1991), *Psicología comunitaria. Bases conceptuales y operativas. Métodos de intervención*, Barcelona, PPU.

[34] E. Sánchez Santa-Barbará (1999), "Relación entre la autoestima personal, la autoestima colectiva y la participación en la comunidad", *Anales de Psicología*, vol. 15, núm. 2, 1999, pp. 251-260.

[35] H. Tajfel y J. C. Turner (1986), "The Social Identity Theory of Intergroup Behavior", en S. Worchel y W. Austin (eds.), *Psychology of Intergroup Relations*, Chicago, Nelson Hall, pp. 7-24. (Hay una versión en español en J. F. Morales y C. Huici [eds.] [1989], *Lecturas de psicología social,* Madrid, UNED, pp. 225-259).

[36] El autoconcepto hace referencia a la idea que cada persona tiene de sí misma en cuanto ser individual.

[37] E. Sánchez Santa-Barbará (1999), "Relación entre la autoestima personal, la autoestima colectiva y la participación en la comunidad", *Anales de Psicología*, vol. 15, núm. 2, 1999, pp. 251-260.

[38] L. Palazzini (2004), *El trabajo psíquico en la adolescencia: avatares de su organización.*

[39] B. Janin (2008) *Encrucijadas de los adolescentes de hoy*, Buenos Aires, Apdeba.

[40] S. Freud (1925), "Algunas consecuencia psíquicas de la diferencia anatómica de los sexos", en *Obras completas,* tomo XIX, Buenos Aires, Amorrortu.

[41] M. Isaías López (1988), *La encrucijada de la adolescencia*, México, Hispánicas.

[42] C. L. Urquiza Mora (2008), "La metáfora de la estética: subjetividad y autonomía de seis mujeres artistas en la obra de su vida", tesis para obtener el grado de maestra en ciencias sociales, México, Flacso.

[43] *Idem.*

[44] C. di Stefano (1996), "Problemas e incomodidades a propósito de la autonomía: algunas consideraciones desde el feminismo", en

Carme Castells (comp.), *Perspectivas feministas en la teoría política,* Barcelona, Paidós, citado por C. L. Urquiza Mora, (2008), "La metáfora de la estética: subjetividad y autonomía de seis mujeres artistas en la obra de su vida", tesis para obtener el grado de maestra en Ciencias Sociales, México, Flacso, p. 57.

[45] Feinberg, citado por C. Di Stefano (1996), "Problemas e incomodidades a propósito de la autonomía: algunas consideraciones desde el feminismo", en Carme Castells (comp.), *Perspectivas feministas en la teoría política,* Barcelona, Paidós.

[46] C. di Stefano (1996), "Problemas e incomodidades a propósito de la autonomía: algunas consideraciones desde el feminismo", en Carme Castells (comp.), *Perspectivas feministas en la teoría política,* Barcelona, Paidós.

[47] *Ibidem*, p. 66.

[48] Z. Bauman (2002), *Modernidad líquida,* Buenos Aires, FCE, p. 25.

[49] F. Marty (2004), "La dépendance pour le meilleur et pour le pire (Dependence, for better or for worse)", en P. Huerre y F. Marty (eds.), *Cannabis et Adolescence, les liaisons dangereuses (Cannabis and adolescence: dangerous liaisons),* París, Albin Michel, 2004, pp. 27-40.

[50] *Idem.*

[51] D. Winnicott (1968), "La inmadurez adolescente", trabajo presentado en la 21 Reunión Anual de la Asociación Británica de Sanidad Estudiantil, realizada en Newcastle-upon-Tyne, 18 de julio de 1968. (*Obras completas* de D. Winnicott.)

[52] J. McDougall (1987), *Teatros de la mente*, Madrid, Tecnipublicaciones.

[53] D. Winnicott (1951), "Objetos transicionales y fenómenos transicionales", en *Realidad y juego*, Barcelona, Gedisa.

[54] J. McDougall (1987), *Teatros de la mente*, Madrid, Tecnipublicaciones.

[55] Khan (1972) citado por F. Marty (2004), "La dépendance pour le meilleur et pour le pire (Dependence, for better or for worse)", en P. Huerre y F. Marty (eds.), *Cannabis et Adolescence, les liaisons dangereuses (Cannabis and adolescence: dangerous liaisons),* París, Albin Michel, 2004, pp. 27-40.

[56] S. Radosh (2011), "Una mirada sobre la autonomía en el campo grupal, familiar, institucional", *Tramas* 35, México, UAM-X, pp. 187-202.

[57] *Idem.*

[58] *Idem.*

[59] *Idem.*

[60] Castoriadis (1993), citado por S. Radosh (2011), Una mirada sobre la autonomía en el campo grupal, familiar, institucional", *Tramas* 35, México, UAM-X, pp. 187-202.

[61] Y su correspondiente maduración. Los procesos son únicos y singulares; no se puede esperar la misma respuesta para todos; no existe la posibilidad de universalizar los procesos, pues éstos se producen sujeto por sujeto.

[62] D. Winnicott (1968), *"La inmadurez adolescente"*, trabajo presentado en la 21 Reunión Anual de la Asociación Británica de Sanidad Estudiantil, realizada en Newcastle-upon-Tyne, 18 de julio de 1968. (*Obras completas* de D. Winnicott.)

[63] *Idem.*

[64] C. L. Urquiza Mora (2008), "La metáfora de la estética: subjetividad y autonomía de seis mujeres artistas en la obra de su vida", tesis para obtener el grado de maestra en ciencias sociales, México, Flacso.

[65] *Idem.*

[66] S. Radosh (2011), "Una mirada sobre la autonomía en el campo grupal, familiar, institucional", *Tramas* 35, México, UAM-X, pp. 187-202.

[67] A. Luco (2006), "Investigación sobre las percepciones de las mujeres sobre el mundo del trabajo, la familia, la pareja y el futuro", Santiago de Chile, Universidad de las Comunicaciones, Facultad de Psicología.

[68] J. Pindado (2006), "Los medios de comunicación y la construcción de la identidad adolescente", *Revista de Estudios de Comunicación*, 21, pp. 11-22.

[69] A. Reyes Juárez (2009), "La escuela secundaria como espacio de construcción de identidades juveniles", *Revista Mexicana de Investigación Educativa,* versión impresa, vol. 14, núm. 40, México, enero-marzo de 2009.

[70] S. Freud (1916-1917 [1915-1917]/1985), "Conferencias de introducción al psicoanálisis", en *Obras completas*, tomo XV, Buenos Aires, Amorrortu.

3

[1] Pascal Hachet (1997), *"Criptas y fantasmas en toxicomanía"*, en *El psiquismo ante la prueba de las generaciones*, Buenos Aires, Amorrortu Editores, p. 119.

[2] Diana Sahovaler de Litvinoff (2011), *Internet: refugio o escenario,* disponible en http://www.nacio.unlp.edu.ar/archivos/TP_duelos.pdf.

[3] D. Winnicott (1964), "Roots of aggression", en *The Child, The Family and the Outside World*, Massachusetts, Addison-Wesley.

[4] *Idem.*

[5] *Idem.*

[6] *Idem.*

[7] *Idem.*

[8] *Idem.*

[9] D. Winnicott (1960), "Agresión, culpa y reparación", disertación pronunciada ante la Liga Progresiva el 7 de mayo de 1960.

[10] D. Winnicott (1967), "La delincuencia juvenil como signo de esperanza", conferencia pronunciada en el Congreso de Subdirectores de Reformatorios, Winchester, King Alfred's College, abril de 1967.

[11] Reducción del cumplimiento de una necesidad o deseo que se considera esencial.

[12] *Idem.*

[13] Antonio Sánchez Galindo (1990), "La delincuencia de menores en México", *Situación y tendencias en derechos de la niñez*, México, UNAM/ Instituto de Investigaciones Jurídicas, Serie G: Estudios Doctrinales, núm. 126.

[14] D. Winnicott (1967), "La delincuencia juvenil como signo de esperanza", conferencia pronunciada en el Congreso de Subdirectores de Reformatorios, Winchester, King Alfred's College, , abril de 1967.

[15] *Idem.*

[16] *Idem.*

[17] *Idem.*

[18] P. Jeammet (2005), "La violencia en la adolescencia: una defensa de identidad", en *Primer Simposio Internacional del Adolescente*, trad de María Rosa Díaz de Soullard, Brasil.

[19] F. Marty (1997), *La violence illégitime*, cap. I, "Las violences en l'adolescence", trad. de María Rosa Díaz de Soullard.

[20] OMS, Mortalidad materna. Nota descriptiva núm. 348, mayo de 2014.

[21] Estadísticas a propósito de .... Día mundial para la prevención del suicidio (10 de septiembre). Datos nacionales, Inegi, 2014, disponible en http://www.inegi.org.mx/inegi/contenidos/espanol/prensa/ Contenidos/estadisticas/2014/suicidio0.pdf

[22] M. Laufer (1998), *El adolescente suicida*, Madrid, Biblioteca Nueva.

[23] *Idem.*

[24] *Idem.*

4

[1] Wilberg Slagstad Guillestad, "Change in Reflective Functioning Turing Psychotherapy – A Single Case Study", *Psychotherapy Research: Journal of the Society for Psychotherapy Research*, vol., 21, núm. 1, enero de 2011.

[2] A Luzzi, D. Bardi y M. Jaleh, "Evaluación de cambio psíquico en niños y su relación con la contención emocional de los adultos responsables y de los educadores", en *Modernidad, tecnología y síntomas contemporáneos. Perspectivas clínicas, políticas, sociales y filosóficas*, Serie Conexiones, Asociación Argentina de Salud Mental, Buenos Aires, 2008, pp. 482-484.

[3] Escritor libanés autor de *El profeta, El loco, el Jardín del profeta*, entre otros muchos títulos.

[4] Educar, gobernar y psicoanalizar son las tres profesiones imposibles. En 1937, Freud hace dicho planteamiento en su artículo *Análisis terminable e interminable*. En síntesis, en el discurso del amo (Lacan) radica el imposible de gobernar lo real. En el discurso educativo: el imposible de educar lo real. En el discurso del analista: el imposible de analizar.

Misión imposible de Alexis Schreck y
Martha Páramo Riestra
se terminó de imprimir en enero de 2022
en los talleres de
Impresora Tauro, S.A. de C.V.
Av. Año de Juárez 343, col. Granjas San Antonio,
Ciudad de México